河北省社会科学基金项目（HB17TQ002）的最终成果
中宣部文化名家暨“四个一批”人才工程项目资助
河北省社会建设与治理研究基地学术成果
河北大学优秀青年科研创新团队——公共信息管理创新团队资助

YINGJI XINXI GUANLI YU
YINGJI XINXI XINGWEI

应急信息管理与应急信息行为

陈兰杰 等◎著

知识产权出版社
全国百佳图书出版单位
—北京—

图书在版编目（CIP）数据

应急信息管理与应急信息行为 / 陈兰杰等著 . — 北京：知识产权出版社，2021.9
ISBN 978-7-5130-7409-4

Ⅰ.①应… Ⅱ.①陈… Ⅲ.①突发事件—信息管理—公共管理—研究 Ⅳ.①D035.34

中国版本图书馆 CIP 数据核字（2021）第 013764 号

责任编辑：陈晶晶　　**责任校对：**谷　洋
封面设计：刘　伟　　**责任印制：**孙婷婷

应急信息管理与应急信息行为

陈兰杰　等　著

出版发行：知识产权出版社有限责任公司　　**网　　址：**http：//www.ipph.cn
社　　址：北京市海淀区气象路 50 号院　　**邮　　编：**100081
责编电话：010-82000860 转 8391　　**责编邮箱：**shiny-chjj@163.com
发行电话：010-82000860 转 8101/8102　　**发行传真：**010-82000893/82005070/82000270
印　　刷：北京建宏印刷有限公司　　**经　　销：**各大网上书店、新华书店及相关专业书店
开　　本：720mm × 1000mm　1/16　　**印　　张：**12.25
版　　次：2021 年 9 月第 1 版　　**印　　次：**2021 年 9 月第 1 次印刷
字　　数：200 千字　　**定　　价：**69.00 元

ISBN 978-7-5130-7409-4

序

大数据、云计算、人工智能等现代信息技术的发展使人类社会进入一个全新的信息时代，同时，这些技术的发展也正在改变着人们的思维方式和决策方式。

从某种意义上说，人类的文明史也是人类应对各类突发事件的历史。无论是在古代还是在当代，突发事件的发生都不可避免地给人类社会带来较大的人身伤亡和财产损失。在现代社会环境下，突发事件频发，其破坏程度日益加剧，人类社会面临的安全风险隐患也与日俱增。

2016年11月，本人有幸邀请到了中国科学院科技战略咨询研究院陈安研究员来我校做有关大数据与应急管理的学术报告，听完报告，心情激动万分，心想能不能把我的专业信息管理与应急管理联系起来，做一个交叉研究呢，于是对应急管理产生了兴趣。通过查阅相关文献发现，目前有关应急信息管理的研究还寥寥无几，于是更加坚定了我的研究信念。

2017年3月，本人申请到了河北省社科基金项目：突发事件中公众应急信息获取行为研究（项目编号HB17TQ002）。2018年6月23日，本人又参加了由中国科学院科技战略咨询研究院、北京市劳动保护科学研究所、铭传大学、海峡两岸应急管理学会以及北京城市系统工程研究中心联合举办的“第三届海峡两岸应急管理高峰论坛暨第十三届全国应急管理——理论与实践”研讨会，并做了“基于公众理解的应急信息传播策略”的学术报告，反响比较热烈，与会人员认为该研究很有价值，本人备受鼓舞。

正是在上述背景下，本人组织了团队对此问题进行系统研究，于是便有了这部专著。我们希望在以下几个方面实现突破与创新：

第一，创立独立系统的应急信息管理理论体系，开创信息管理和应急管理的分支学科；

第二，对应急信息行为进行开创性实证研究，为此后的相关研究抛砖引玉；

第三，为应急管理实践提供相关的理论指导，提升我国的应急管理水平。

本书大纲及写作思路由陈兰杰确定，各章节撰写的具体分工如下：

陈兰杰（第一章），闻航（第二章），赵元晨（第三章），杨睿（第四章），李乐诗（第五章），刘家帅（第六章），李冠怀（第七章），张蕙薪（第八章），王书琪（第九章），杨航（第十章），孙红艳（第十一章），王欣培（第十二章），王静涵（第十三章）。

我们衷心希望本书能对应急信息管理和应急管理的理论研究及相关实践有所贡献，同时也希望为相关人员提供参考。

在写作过程中，我们参阅了大量的中、外文文献，对这些文献的作者，在此一并致谢。同时，由于时间和水平有限，书中难免存在不足甚至错误之处，恳望学界同人和读者朋友批评指正。

谨以为序。

陈兰杰

2020年12月

目录

第一编　应急信息管理

第一编　应急信息管理

第一章　导论

第一节　大数据时代的突发事件

人类的文明史也是人类应对各类突发事件的历史。无论是在古代还是在当代，突发事件的发生都不可避免地给人类社会带来较大的人身伤亡和财产损失。

近年来，在自然条件、社会环境以及人类活动等综合因素的作用下，世界范围内的突发事件越发频繁，同时，伴随人类社会的经济和科技的不断繁荣发展，人类社会面临的安全风险隐患也与日俱增，其破坏程度也日渐增大。

大数据时代的到来，改变了应急信息管理方式，给突发事件的应急管理带来新的技术手段，也为应急管理提供了新的决策模式，应急管理将日益智能化。大数据应用将深入突发事件应急管理信息的各个领域，克服以往的应对突发事件的滞后性，使全样分析和挖掘的视角更加全面、快速地了解突发事件发展的态势，对突发事件的应急管理、社会稳定和国家治理现代化起到积极的促进作用。

一、大数据时代

当前，随着云计算、人工智能、移动互联网、物联网等先进信息技术的发展，人类社会的信息环境发生巨大改变。现代信息技术、经济社会与人类发展的融合引发了数据生产的迅猛增长，其传播速度空前加速，传播范围也越来越大，人们逐渐处于信息“裸奔”的大数据时代。大数据时代的到来改变了以往的管理方式和决策方式。

（一）大数据的含义

“大数据”这个概念可以追溯到20世纪80年代，1980年，美国未来学家阿尔文·托夫勒出版了专著《第三次浪潮》，并在其中率先提出“海量数据”这一概念，强调了数据在未来信息社会的重要作用。[1]2008年9月出版的《自然》杂志推出“大数据”特刊专题，随后大数据一词成为热门词汇，高频出现于各个行业、领域和政府工作报告中。对于大数据，人们至今尚未达成共识。在学界，美国权威研究机构Gartner将大数据定义为“需要新处理模式才具有更强的决策力、洞察发现力和流程优化能力的海量、高增长率和多样化的信息资源”[2]。英国大数据研究专家维克托在其著作《大数据时代》中认为，大数据并不是一个确切概念。最初，大数据是指需要处理的信息量过大，已经超出一般电脑在数据处理时的内存量。大数据是人们获得新认知、创造新价值的源泉，是改变市场、组织机构及政府与公民关系的方法。[3]大数据是数据技术、数据应用和数据对象的集合，是从众多数据信息中挖掘出的有价值的信息。大数据以全样本大量化、全覆盖多样化、实时快速化、数据动态在线为主要特征。

（二）大数据时代给应急管理带来的影响

大数据时代给突发事件的应急管理带来多方面的影响，甚至会改变传统的应急管理模式。

第一，大数据保证了应急信息源多元化，数据海量。大数据采集到的是最原始的、未加处理的、混杂的完整数据，是全方位的多媒体的海量数据，而不是部分随机信息。大数据的数据处理方式，特别是云计算技术，它的发展使数据的价值得以充分发挥，其在应急管理决策中扮演越来越重要的作用，并且改变了“小数据”时代依靠经验和直觉做决定的情况。而突发事件

---

[1] 阿尔文·托夫勒. 第三次浪潮[M]. 朱志焱，等译. 2版. 北京：新华出版社，1996：3–5.

[2] 程莲娟. 美国推进大数据的应用实践及其有益借鉴——基于图书馆视角的分析[J]. 情报资料工作，2013（5）：110–112.

[3] 维克托·迈尔·舍恩伯格，肯尼思·库克耶. 大数据时代[M]. 盛杨燕，周涛，译. 杭州：浙江人民出版社，2013：104.

的复杂性、突发性与风险的不确定性等特性，也要求应急管理决策必须尽可能精准、科学，如果处置不当，将会危害公众的生命和财产安全。因此，应对突发事件的应急信息来源要求多源海量，既包括通过各类应急信息采集系统采集到的实时数据，如位置数据、遥感数据等，还包括通过观测、实验记录及后期加工的科学数据等。这些数据既有文本数据，也有音频、视频等多媒体数据。

第二，大数据更容易满足应急管理实时信息采集的需求。应急管理既要有静态数据，也要有动态数据。应急管理中大部分数据都是动态数据，受损情况随着灾情的发展而变化，大数据可以满足对突发事件应急信息实时的信息收集与分析的需求。

第三，大数据可以快速为突发事件应急管理提供最新、最权威的真实数据。突发事件的发生不仅是实时的，还具有衍生和潜在危险性，大数据加速了应急信息的处理过程，满足各个应急管理部门在有限的时间内根据突发事件的情况做出有效的处理信息需求。对突发事件真实有效的信息进行高效的处理，可以防止以突发事件为机会的虚假信息的传播，有利于社会稳定和降低突发事件带来的损害。

二、突发事件

根据突发事件的发生过程、性质和机理，突发事件主要包括四种类型：自然灾害、事故灾害、公共卫生事件和社会安全事件。在人类社会早期，自然灾害事件，如水旱灾害、气象灾害、地震灾害、地质灾害和森林火灾等是突发事件的主要类型。随着经济的发展和科技的进步，事故灾害、公共卫生事件和社会安全事件日益增多，且由于对它们的预测性较差，其危害有时候比自然灾害更大。

（一）突发事件的含义

突发事件在不同的国家有不同的表示，其英语类似的对应词有emergency（美国官方常用）、contingency（英国官方常用），这两个词的一般含义是紧急事态。但是，在中文语境里，突发事件与紧急事态两者也有细微区别：突发事件强调突发性，紧急事态强调紧迫性，各有千秋；紧急事态强调状态，突发事件强调事实，各有侧重。[1]

在国内，学者们对突发事件的含义还没有达成一致认识，但人们都认可的是突发事件具有突发性，并威胁公众的生命财产、社会秩序和公共安全，需要政府及时应对处理。2006年，国务院发布的《国家突发公共事件总体应急预案》规定，“突发事件是突然发生的紧急事件，造成或者可能造成重大人员伤亡、财产损失、生态环境破坏和严重社会危害，危及公共安全”[2]。2007年11月1日开始实施的《中华人民共和国突发事件应对法》中规定，“突发事件，是指突然发生，造成或者可能造成严重社会危害，需要采取应急处置措施予以应对的自然灾害、事故灾难、公共卫生事件和社会安全事件”[3]。

总之，可以把突发事件理解为突然发生的、破坏性严重且需要及时处理的各种灾害事件。

（二）大数据时代突发事件的特征

进入新时期，世界和中国未来的突发事件表现出一系列双重特点，李雪峰等在《应急管理通论》[4]中将其概括如下：

1. 稳定性和发展性并存

突发事件风险的稳定性表现为人类社会的自然灾害风险、安全生产隐患、公共安全突发事件风险和社会安全事件的风险将会继续存在；突发事件风险的发展性表现为突然爆发的自然灾害、安全生产隐患、公共安全突发事件和社会安全事件给社会造成的风险可能会演变成更大、更加复杂的风险，甚至可能会衍生出难以预测的次生危害和风险。

2. 已知性和未知性并存

随着经验的积累和科技的发展，各类突发事件风险的类型、影响是可知的、可应对的；但同时，社会体系的演进和科技的发展给人类带来的其他风

---

[1][4] 李雪峰，等. 应急管理通论[M]. 北京：中国人民大学出版社，2018：45-48.

[2] 国家突发公共事件总体应急预案[EB/OL].[2019-08-01]. http：//news. sina. com. cn/c/ 2006-01-08/13027926210s. shtml.

[3] 中华人民共和国突发事件应对法[EB/OL].[2019-08-01]. http：//www. mem. gov. cn/fw/flfgbz/ 201803/t20180327_231775. shtml.

险在短期内是未知的。

3. 更安全的状态和更不安全的状态并存

人类科技的发展，使人类应对各类突发事件的能力大大提升，部分突发事件的风险得以有效控制；但同时，由于未知风险的存在和人类集体非理性行为的存在，人类社会面临的风险程度将更加复杂，人类将可能处于更加不安全的状态。

4. 当地影响和国际影响并存

突发事件的影响是多方面的，既有物质的、经济的，也有精神的、心理的，甚至是政治上的、安全上的。其首先是对发生突发事件的当地产生影响，并在全球化和信息化进程下，逐渐扩展到全球。

突发事件的这些趋势和特点，对应急管理工作本身提出更高的要求。一方面，应急管理工作逐渐趋向整合多部门联合作战，要求多部门信息共享作为其决策保障；另一方面，由于突发事件应急管理决策属于风险型决策，其结果往往难以预测，其风险较为复杂，为了提高应急管理决策的科学化和精准化，必须要有充足的、真实的实时信息作为基础。

大数据时代的到来，为数据的实时采集和处理提供了新的技术手段，在某种程度上为应急管理决策的科学性提供了保障。因此，基于大数据而非传统经验的应急管理决策将成为未来应急管理决策的主要模式，该模式有助于提高突发事件应急管理决策的质量。

第二节 大数据时代的应急信息管理

应急管理是满足人民群众日益增长的安全需要的保障。及时预防与快速有效的应急管理需要建立在良好的信息采集、处理等信息工作基础之上，因此，在应急管理体系中，信息管理占有重要的地位。只有信息真实有效，才能保证应急管理决策起作用，大数据时代突发事件应急信息具有海量的多源和异构数据，因此，应该加强应急管理体系中的信息管理。对于突发事件相关应急信息的管理是突发事件应急管理的基础和依据。应急管理体系涉及的信息管理包括信息采集、信息处理、数据挖掘、信息传播、决策支持和数据共享6个层次，它们之间形成一个循环系统，是一种相互影响的过程，每个节点都可以成为大数据时代应急信息管理的起点，如图1–1所示。

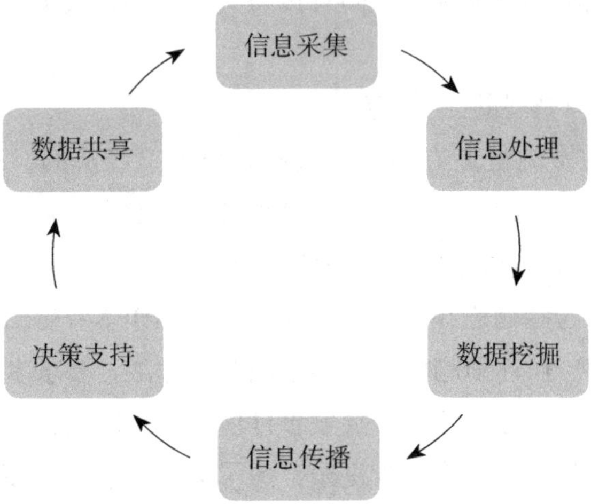

图1–1　大数据时代应急信息管理流程

一、信息采集

大数据时代，应急管理的相关信息将是海量动态性数据。其来源、形态日益多元与复杂。“信息采集”是在现代先进信息技术支撑下，对各类突发事件分散各处的、形式多样的、海量的应急信息进行采集和存储的过程，其核心是将海量的、无序的应急信息资源转化为可处理的有序应急信息资源。

受经济、自然等因素的影响，突发事件每天都在发生。移动互联网和手机端应用的发展，更增加了突发事件的应急信息数量。巨大的信息量如果还是由人工采集，那将错失对突发事件的快速决策时机。因此，大数据时代对突发事件海量应急信息的采集是对某类事件共同的特征要素进行抽取并加以计算的过程。当某件突发事件发生后，可以“秒”速调取经过处理的几十年甚至数百年间的结构化数据。巨大的同类及类似历史事件或者现实事件信息的采集，能在很大程度上避免以偏概全的现象，由此呈现的事实、得出的结论更具客观性。大数据时代的实时信息采集是将碎片化的、孤立的、静态的数据融合起来，变成可共享的、有序的、能随时调用的信息资源。突发事件应急信息的采集，影响数据挖掘和数据分析的结果，最终影响突发事件的应急管理决策。

二、信息处理

大数据处理在本质上是一种更高的信息处理能力，其核心是大数据处理分析，即从海量的、多样化的、价值密度低的和动态性的应急数据中提取有价值的应急信息。应急信息所具有的形式与内容的多样性、获取方式与来源的多元化以及高维特征给应急信息的组织和分析带来巨大困难。应急信息处理的主要内容是对应急信息进行分类、聚类、数据去重、数据转换、建立索引等数据处理工作。在大数据时代，应该提高应急信息处理人员对应急信息的感知和数据智能分析能力；制定应急信息的元数据标准，而数据的标准化有利于对应急突发事件的信息标引；建立突发事件各类型数据与情景的数据库，加强数据与突发事件之间的联系，同时通过发展大数据分析，增进应急管理的信息能力。

三、数据挖掘

大数据时代，突发事件应急信息数据规模越来越巨大，有突发事件自身的信息数据，也有关于突发事件的网络舆情信息。借助大数据技术的优势，应急管理部门或者相关政府部门可以从互联网以及各种智能终端提取的海量的、多元的应急信息数据中迅速分析、挖掘出有价值的信息，通过互联网、物联网对各类突发事件进行精确标识和动态监控，通过对突发事件危险源监测大数据与引起突发事件的大数据进行关联分析，识别两者之间的耦合规律，以优化突发事件应急信息管理能力。大数据时代的数据技术在突发事件应急信息管理中的应用可以减轻突发事件的损害。在大数据时代，应该提高对突发事件网络舆情大数据的利用。例如，通过网络舆情大数据的情感分析、“词云”分析，可以有效挖掘公众对突发事件应急管理的态度倾向和议题焦点，为改进应急管理提供精准支持。

四、信息传播

在突发事件的应急管理过程中，应急信息传播占主导，将应急信息传播给公众和各个相关应急管理部门，以提高突发事件的处理速度和效率是应急管理的关键。以微博、微信、博客等为代表的新媒体技术的发展，开启了信息传播的新时代。在此背景下，应急信息传播也进入立体化信息传播模式，实现一对一、一对多的精准化和多元化传播目标，提高应急信息的传播效率，增强全民防灾、减灾的应对能力。在应急信息传播方面，由于专业分工造成的信息不对称，还存在部分应急信息公众难以理解的情况，今后，应加强基于公众理解的应急信息传播，以便发挥应急信息的最大价值。[1]

五、决策支持

为了提高应急管理效果，降低突发事件造成的各种危害，应急决策是关键。应急决策是指当突发事件发生时，决策者在时间紧急、资源有限和事件不确定性高的情况下，为了尽可能减少人员伤亡、财产损失、环境破坏或社会影响，而确定采取应对方案和应急措施的过程[2]。当前，突发事件本身的日益复杂化及其危害的日益加大，使得总体的应急决策环境比以往更为复杂，不确定信息或信息缺失严重，决策任务更加分散，应急决策时间亦更加紧迫，应急决策对各学科知识的需求增大。鉴于此，突发事件的科学决策关键在于对突发事件态势的实时掌控，而掌控突发事件态势取决于对事件相关数据全面、及时、有效地获取及基于数据的理解与认和之后对数据进行的科学处理、判别和分析突发事件在不同阶段的态势变化，只有这样才能为科学应急决策保驾护航。

六、数据共享

当前，国家治理模式正在由以国家为主体的治理转向全员参与的共享共治模式，突发事件的处理更是这样。由于突发事件往往涉及众多利益相关者，因此，只有全员参与处理应急突发事件，开放共享应急信息才能更好地为突发事件应急管理决策提供保障。《中华人民共和国突发事件应对法》第

[1] 陈兰杰，谷紫藤，安琪，等. 基于公众可理解的应急信息传播策略研究［J］. 中国应急管理，2018（7）：46–47.

[2] 钟开斌. 应急决策：理论与案例［M］. 北京：社会科学文献出版社，2014：110–112.

三十七条规定：县级以上地方各级人民政府应当建立或者确定本地区统一的突发事件信息系统，汇集、储存、分析、传输有关突发事件的信息，并与上级人民政府及其有关部门、下级人民政府及其有关部门、专业机构和监测网点的突发事件信息系统实现互联互通，加强跨部门、跨地区的信息交流与情报合作。[1]

第三节 案例分析

近年来，大数据技术和大数据思维在台风实时预测路径上已经有尝试，如利用大数据对未来天气情况做出预报，判断台风未来的走向及汛情，进行灾害预警。2016年“妮妲”的来临，就是由台风实时预测路径平台成功监测的。该平台基于沿海自动站多年的气象观测数据、台风历史记录等进行数据挖掘与分析，从而得出台风的路径和强度的观测和预报，向气象部门与决策单位展示台风登陆方位、强度、距离与台风引发风雨的关系，以便做出准确的预报与应对措施。

一、研究对象

本案例以自然灾害台风事件为研究对象，以中国应急服务网（http://www.52safety.com）、台风路径网（http://typhoon.zjwater.gov.cn）和中国气象局官网（http://www.cma.gov.cn）为数据来源，以2018年8月温比亚[2]台风为例，展示大数据时代的突发事件应急信息管理流程。

2018年，我国大陆地区共有10个台风登陆。据统计，台风灾害共造成全国3 260.6万人次受灾，366.6万人紧急转移安置，直接经济损失697.3亿元。

---

[1] 中华人民共和国突发事件应对法［EB/OL］.［2019-08-01］. http：//www. mem. gov. cn/fw/flfgbz/ 201803/t20180327_231775. shtml.

[2] 据2020年8月8日中央气象台官网显示，命名表中“温比亚”的名字已被“普拉桑”（Pulasan）所取代。

台风温比亚（2018年第18号强热带风暴）从8月17日凌晨登陆上海至20日上午离开山东省境内，在陆地停留时间达3天之久。受其影响，浙江、上海、江苏、安徽、湖北、河南、山东、辽宁等省、市遭遇强降雨。尤其是其在河南省境内减速、停滞、转弯过程中，给河南多地带来特大暴雨，此外，江苏、安徽、山东、辽宁等多地也先后出现破极值暴雨，给各地区带来严重的经济损失和人员伤亡。温比亚台风是2018年致灾最重的台风。

二、信息管理流程

实时的台风数据采集与数据分析，有利于对台风的监测和路径分析，有利于降低暴雨引发的洪水、滑坡和泥石流等地质灾害对交通出行等造成的影响。在台风数据的收集、分析与挖掘处理方面需要各种技术的支持，包括互联网技术、气象卫星遥感的台风监测技术、全球航天技术、计算机技术等。收集的数据类型包括气象卫星数据、光学卫星数据以及微波遥感数据，收集多种数据有利于提供更加丰富的台风监测信息，提高台风动态监测水平。大数据在台风突发事件中的应用，可以更好地预测台风路径。台风的路径不是一直不变的，受冷空气、地形等因素的影响，会产生变化，如果不及时地对其进行精准预报，台风将给其经过地区带来严重的影响。

下面以几个地区为例，分析大数据在台风突发事件中体现的信息管理。

（一）杭州市应急信息管理

2018年4月16日，应急管理部成立，目的是整合应急信息资源，提高国家应急管理水平和能力。面对温比亚台风的影响，各地气象局与应急管理部进行大数据融合研究，从中提炼出重要的信息管理内容。

从历史数据来看，台风在浙江的登陆地点非常集中，最常扑向温州、台州、宁波等中南部沿海城市，苍南、乐清、温岭是最易遭遇台风的县区。本次温比亚台风对浙江省的影响也比较严重。面对台风突发事件，杭州市气象局与应急管理部在处理台风事件中体现的大数据信息管理，提高了气象预报的精准度和时效性。采取的措施有：加强气象监测和灾情等信息共享；建立灾害监测设施、预警传播渠道及服务站的共建、共享、共用机制；完善突发事件预警信息全媒体发布机制，共享信息发布渠道资源，提升突发预警信息发布能力。

（二）盘锦市应急信息管理

在辽宁省第十三届运动会开幕之际，正值高空槽与台风温比亚残留云系共同影响，天气形势十分复杂。盘锦市气象局密切关注天气变化，及时组织天气会商，经过周密的分析研判，精准预报开幕式期间无降水，并及时发布实时气温、风向、风速等气象要素，为市委、市政府的正确决策提供了有力的气象服务保障。盘锦市气象局高度重视气象服务工作，自火炬交接仪式后，以服务专报形式向组委会报送各项比赛期间赛场逐日天气预报，并提供逐小时天气现象、降水、气温、风向、风速、能见度实况及精细预报产品。盘锦市气象局制作发布各类气象服务专报共计117期、赛场实况信息49期，及时通过传真、邮件、短信、微博、微信等途径向组委会发布。

（三）大连市应急信息管理

8月19日，台风温比亚进入辽宁省，大连市出现强降雨，全市平均日降雨量190.7毫米，突破历史极值，站点最大降雨量达346.6毫米。

8月18日、19日，大连市气象局连续两天向市委、市政府报送重要气象报告，提示防御强降雨天气，并通过电话向市领导汇报。市委、市政府高度重视，立即安排部署暴雨防御工作。暴雨到来前，全市已采取停课停工、关闭景区、停航、水库泄洪、转移群众等措施，全市共转移16 000多名群众。各港口、码头和铁路、核电、石化等气象灾害防御重点单位提前72小时通过专业气象服务网站、电话、微信等方式收到了气象部门发出的预警提示，及时采取防雨防风措施。19日，各港口停止作业，船只全部拖入锚地避风，游艇港进行浮桥加固和船只转港。20日，11条客运航线全线停航，部分铁路段实施限速管理。由于各单位防范及时，狂风暴雨未造成明显影响。大连市气象局累计发布暴雨、大风预警信号19期，向各部门应急责任人发布手机短信12.3万人次，利用全市1 003个农村应急广播发布预警和防御提示。“大连气象”微博发布相关信息55条，“大连气象”微信推送的信息“暴雨强风即将抵达！你准备好了吗？”阅读量超过9万次。另外，大连市气象局向20多家媒体提供新闻通稿，接受记者采访12次，科学解读暴雨天气。

（四）安徽省应急信息管理

8月16日晚，安徽省气象局通过视频系统对全省气象部门进行查岗，检查领导带班及应急值守情况，对台风防御工作进行再部署；省气象台决策首席专家每天参加省防指[1]会商，汇报台风对安徽的风雨影响。作为前线“侦察兵”的气象部门滚动监测台风动态和雨情、水情，及时发布预警信息，联合省国土厅发布地质灾害气象橙色预警；农业部门及时组织加固蔬菜大棚等设施，组织20 824艘渔船回港避风；旅游部门暂时关停旅游景区和项目69个，其中漂流等高风险旅游项目29个；国土部门加强地质灾害风险分析，发布地质灾害预警，督促有关地区紧急处置3起突发地质灾害；交通部门及时组织抢修临时中断的公路，保障交通畅通；省减灾办紧急下拨5 000床空调被用于受灾地区生活救助。省气象局及时将《重要天气报告》提供给铁路、交通、高速交警、电力、旅游、中储粮、保险、郑州地铁和公交等行业，并根据用户关注重点，给出具体措施建议。

三、结论

大数据时代，为了提升对台风事件的应急管理，国家气象中心启动了台风大数据建设及应用工作，提供台风智能检索和台风智能预报服务。步入“互联网+”时代，我们用大数据的观点来重新审视气象数据，构建无缝隙、精准化、智慧型的现代气象监测预报预警体系，同时利用“平台化+微应用”的技术体系，实现气象业务、服务和管理之间的数据流互通、业务流协同，气象预报、预警和气象服务核心能力均有了显著提升，也减少了台风带来的损害。大数据是构建应急能力的基础，以其优越的定位、搜索、挖掘和深度分析功能，为应急构建与管理提供了丰富可靠的数据资源和强有力的技术支撑，为应急管理决策模式创新提供了动力，为增强安全应急管理的精准性提供了条件。

[1] 指省防汛抗旱指挥部办公室。

第二章　应急信息管理概述

第一节　应急信息

一、应急信息的概念

按照国际上以往的经验，社会的发达程度与一个国家的人均GDP（国内生产总值）有着重要的关系。当一个国家的人均GDP达到6 000美元时，这个国家就逐渐进入发展的黄金阶段，与此同时也逐渐进入风险高发的阶段。国家发展和改革委员会主任何立峰和IMF（国际货币基金组织）指出，2018年我国人均GDP接近1万美元，成为高风险型社会。纵观国内近几十年的实际情况，自然灾害与以往相比并没有减少，随着现代化在各行各业的渗透，人为灾害事故也在逐渐增多。2000年以来，我国每年因为自然性突发事件（如水旱灾害、地质灾害、森林草原火灾等）和社会性突发事件（如公共设施和设备事故、恐怖袭击事件、工矿商贸等企业的各类安全事故等）死亡的人数在20万以上，因此而伤残的人也不在少数，直接经济损失高达6 000亿元。

国内关于应急管理的研究始于20世纪90年代，佘廉等人对企业危机的预警原理与方法进行了相关的研究，开创了我国应急管理的先河。随后海尔等企业逐步意识到危机管理在企业当中的重要作用，进行了危机管理的相关研究。[1]在2000年以前，国内学者对于应急信息的研究大都集中在企业危机管

---

[1] 刘焕成，温芳芳. 国内应急信息研究的定量分析[J]. 图书情报知识，2009（5）：105-110.

理当中，从2001年美国发生的“9·11事件”开始，人们的目光逐渐从企业开始转移到社会公共应急信息上来。突发事件的应急管理在SARS发生后，受到我国政府和社会的广泛关注，应急管理工作被逐渐提上研究的日程，向着科学化和规范化的道路前进。

在不同的研究领域，信息有不同的定义，可以说信息的范围十分广泛，它是一切事物存在方式和运动状态的客观反映。应急信息是信息的一种，目前国内尚没有应急信息和突发事件信息的统一概念，大部分学者都习惯于将二者混用。根据钟义信教授对信息概念的定义，笔者认为应急信息和突发事件信息的概念是存在着差别的，二者并不是相同的概念。应急管理中涉及的信息需要从两个角度来看，首先从本体论层次来看，应急管理中涉及的信息是指突发事件发生的过程中表征自身运动的信息，即突发事件的内在结构以及外在联系的运动状态和方式，这种信息称为突发事件信息；其次从认识论层次来看，应急管理中涉及的信息是指人们关于突发事件所产生的感知或者描述的运动状态和方式，即突发事件运动表征的含义、方式以及作用。[1]简单来说，就是将人的主体因素引入应急信息当中。突发事件信息只是表达突发事件的客观表征，是纯粹客观的概念，应急信息引入了人这个主体因素，使得应急信息的内涵与突发事件的内涵相比扩大了许多。在这一过程中，人不仅有感觉突发事件外部存在方式的能力，而且可以通过发挥自己的主观能动性，去认识了解突发事件的内部含义。同时，可以据此突发事件信息的运动表征，对突发事件的不确定性最大限度地进行减少或者避免。因此，笔者认为应急信息是经过人们对突发事件信息进行收集、加工、处理后能够消除或减少突发事件的不确定性的一种信息。

二、应急信息的类型

应急信息涉及社会生产的诸多方面，包含的部门和领域非常广泛。因此，应急信息的划分角度有许多，根据不同的角度可以将应急信息划分为以下类型。

---

[1] 袁维海. 多阶段应急信息处理与传播控制方法研究［D］. 合肥：合肥工业大学，2015.

（1）根据应急信息的获取方式，可以将应急信息划分为口头应急信息、广播应急信息、电视应急信息、报纸应急信息、短信应急信息、互联网应急信息、自媒体应急信息等。

（2）根据应急信息所依附的载体，可以将应急信息划分为实物信息、书本信息、电子信息等。

（3）根据突发事件的类型，可以将应急信息划分为自然灾难应急信息、事故灾害应急信息、公共卫生危害应急信息、社会安全危害应急信息等。

（4）根据应急信息记录的方式，可以将应急信息划分为文字应急信息、图片应急信息、声音应急信息、视频应急信息等。

（5）根据突发事件发生的时间阶段，可以将应急信息划分为潜伏期应急信息、爆发期应急信息、缓解期应急信息、消除期应急信息等。

（6）根据突发事件处理工作中的不同需求，可以将应急信息划分为受灾对象信息（时间、地址、原因等）、救灾资源信息（可使用的人员、物资、财产等）、其他相关信息（法律、案例、事故地信息等）。

（7）根据应急管理工作的流程，可以将应急信息划分为预防应急信息（遇到危险自己救助、互相救助的基本救助安全教育常识，各种预警演练相互协调等信息，物品避难场所信息以及应急法规及政策等信息）、检测预警应急信息（台风预警信息、疫苗监测信息、恐怖袭击信息等）、处理和援助应急信息（各种新闻报道信息、救援信息、各部门联动信息等）、建设恢复应急信息（灾后建设规划信息、灾后补偿信息、事故造成的损失信息等）。

有一点需要强调，尽管根据不同的角度对应急信息进行了详细的分类，但是因为应急信息涉及的领域和部门非常广泛，经常是同一条应急信息被多个主体同时使用，由于突发事件通常持续的时间比较长，因此同一条应急信息会在不同的应急阶段起到不同的作用。在实际的应用中，不能单纯地根据理论对应急信息进行简单的分类，要根据具体的实际情况使应急信息发挥最大的作用。

三、应急信息的地位与作用

大多数情况下，一个管理系统主要由管理者和被管理者构成。为了实现管理者和被管理者的工作，就需要加入信息这个媒介，有了信息这个桥梁，管理者和被管理者就能有效地展开相关的工作。在应急管理工作中，应急信息就起到了连接各部门提高工作效率的作用，而且是重要的不可或缺的一部分。在应急管理的过程中，每一个决策、每一条命令都是以应急信息的形式表现出来的，可以说应急信息是完成应急管理工作的基础和前提。当然，除了这些正确的决策和命令外，因突发事件而产生的复杂、冗余乃至错误的信息也是应急信息的一部分。据此可以看出应急信息在应急管理的过程中发挥着极其重要的作用，具体体现在以下几个方面。

首先，应急信息是构成应急管理系统的重要影响因素，发挥着主要的媒介作用，可以说，没有应急信息的应急管理体系是不存在的，倘若没有应急信息这一重要因素，应急管理的活动就无从谈起。

其次，在突发事件处理的过程中，应急信息在各个系统和各个部门之间起着关键的桥梁作用，应急管理工作在一定程度上就是对应急信息的获取、加工、处理、储存和传播的工作，换句话说，应急管理工作就是不断地对应急信息进行处理的过程。

最后，从应急管理的各个过程来看，应急信息发挥着比物质资源和技术手段更为重要的作用，在应急管理的过程中，人员、物资、财产的调动都需要应急信息发挥协调的作用，在应急信息的协调下各部门的工作得以顺利地开展。从应急管理的各个阶段来看，不管在哪个阶段，都需要对应急信息进行开发利用，充分发挥应急信息的作用。

总之，应急信息在应急管理中就像是蜘蛛网上的各个连线，通过各个部门节点遍布到整个应急管理当中，各个部门节点通过应急信息进行联结并开展工作。各个部门节点既是应急信息的接受者，也是应急信息的传播者。各个部门节点对应急信息的积累，有助于帮助管理者对突发事件有一个详细、清楚的了解，便于做出正确的决策。应急信息在应急管理的过程中处于核心的位置，对应急信息管理的好坏决定着应急管理的成败。

第二节 应急信息管理

一、应急信息管理的内涵

应急信息管理的英文为Emergency Information Management，简称为EIM。对于突发事件的应急管理是一项跨学科、多领域、多部门共同参与的信息管理活动。

首先，从应急信息管理的主、客体来看，其主体是应急信息的管理人员，例如在突发事件中涉及的政府各级组织及其机构，以及社会上参与援助的非政府组织等。应急信息管理的客体狭义上来说就是在突发事件处理过程中的应急信息，从广义上来说还包括应急信息管理的各种活动过程。

其次，从应急信息管理的过程来看，结合传统信息组织的过程，可以将应对突发事件的应急信息管理过程划分为两个主要阶段：一个是应急信息的组织阶段，在突发事件发生后对应急信息进行收集、加工、处理、存储的工作，初步建立应对突发事件的应急信息资源库；另一个是应急信息的描述和利用阶段，对初步建立的应急信息资源库进行描述处理工作，形成便于检索、分析、利用的应急信息资源库，将应急信息的价值开发出来。最后将开发好的应急信息资源数据库提供给应对突发事件的决策者，辅助他们进行各种决策活动，发挥应急信息在应急管理过程中的作用，实现应对突发事件的目的。

最后，从应急信息管理的目的来看，就是做好突发事件应急信息的组织和描述工作，充分地开发和利用针对突发事件产生的应急信息资源，帮助应急管理人员进行及时、有效的决策活动，推动突发事件的完美处理。

综上所述，笔者认为应急信息管理是指各级政府组织通过人工和科技手段，从有关突发事件本身和其他的相关信息中及时剔选出准确可信的应急信息，根据应急管理的不同需求进行分类、描述和整合，然后及时反馈给需求对象，促进突发事件顺利解决的信息管理过程。[1]

二、应急信息管理的意义

突发事件发生时，没有发布与之相关的应急信息是相当危险的，与此同时，倘若发布的应急信息量过大或者发布的应急信息缺失，同样会造成严重的后果，使得应急信息不仅起不到应对突发事件的作用，反而容易引起民众的恐慌，不利于针对突发事件的应急管理工作开展。[2]政府部门如何向民众及时、准确地发布突发事件的相关应急信息，在应急管理工作中是非常重要的一步，应急信息管理是完成这一步的前提和基础，只有对应急信息有了完善的管理才能做好应急管理工作。

政府是一个国家的组织者和管理者，其基本职能就是维护社会的稳定，保障人民的人身与财产安全。在当前高度信息化的社会背景下，政府部门在面对突发事件的时候，能否做到及时开展应急管理工作、对突发事件进行全面细致的处理、稳定突发事件的发展、降低突发事件的危害关系到政府的行政能力水平的高低。根据以往经验，要做好面对突发事件的应急管理工作，就要在第一时间获得最准确、最详细的应急信息，然后将应急信息尽快地发布到民众的手中，让民众了解突发事件的各种具体情况；而不是在民众收到片面的突发事件信息后，政府再去修正，这样会降低政府在民众心中的公信力。做好应急信息管理工作，政府部门就能根据应急信息对突发事件进行恰当的处理，民众及时获取政府发布的信息后，也能更好地配合政府开展各项工作，避免民众在不知情的情况下做出与政府发生冲突的行为。

做好应急信息管理工作，有助于政府进行针对突发事件的应急管理工作，获得民众的支持和理解。在应对突发事件的时候，有可能会限制部分民众的权利，倘若不能在第一时间获得民众的支持和理解，很有可能再次发生不利于社会稳定的事件。在开展应对突发事件的应急管理的过程中，如果没有民众的支持，就很难快速、高效地处理好突发事件。例如，在2003年的

---

[1] 涂小梅. 应急情境下公众信息搜寻行为研究［D］. 保定：河北大学，2018.

[2] 刘焕成. 弱势群体的应急信息服务保障机制研究［J］. 信息资源管理学报，2013，3（3）：94–97.

“非典”事件中，因为“非典”具有非常强的传染性，在国内发现该病例的时候，在最快的时间内就进行了隔离处理。没有民众抗拒不配合的事件发生，这与当时在新闻、广播、报纸中大量的宣传有极大的关系。“非典”发生后，政府部门将“非典”的特点、传播路径、传播渠道等及时地对民众进行解释，对于隔离病人或者潜在患者能够有效地控制疫情的发展也进行了详细的说明，获得了民众的支持、理解和配合。但是，倘若不能及时地将正确的应急信息发布给民众，很可能引起恐慌，导致民众的不配合，丧失政府的公信力。为了应对突发事件，获得民众的支持，提升政府的公信力，顺利地开展应急管理工作，就要积极地做好应急信息的管理工作。

三、应急信息管理的内容

根据人类在信息活动中的需求，美国信息管理方面的专家霍顿提出了以信息生命周期为基础的信息管理内容。[1]笔者据此结合应急信息管理活动的具体特点总结了应急信息管理的内容，包括应急信息需求、应急信息的收集、应急信息的传递、应急信息的处理、应急信息的存储、应急信息的传播、应急信息的利用七个方面。

（一）应急信息需求

首先需要对信息收集的范围进行界定，主要包括突发事件现场信息、应急物资信息、应急常识信息、应急法规信息等。其次对应急信息的来源进行界定，主要包括从以往建立的应急信息资源知识库获取相关应急信息，从突发事件现场收集的相关具体事实的应急信息以及政府部门应对突发事件采取的措施手段信息等。最后对应急信息的服务对象进行定义，应急信息的服务对象主要包括两个方面：一是政府部门的应急指挥中心及针对突发事件处理的相关部门，二是突发事件区以及非突发事件区的广大民众。

（二）应急信息的收集

随着互联网的普及，政府在突发事件中获取信息的渠道越来越多，除了传统的从建立的信息系统库中获取突发事件地区的应急信息外，也可以通过

[1] 周九常. 霍顿信息管理思想简论[J]. 情报科学，2006（8）：1137–1140，1168.

媒体和公众的渠道对应急信息进行收集，补充信息系统库中数据不全、不新的缺点。从媒体和公众渠道获得的信息有着范围广、内容新、形式多样等优点，但是也存在着数据不完整、容易出现错误等缺点。政府应急信息管理中的应急信息收集人员要充分认识到这一点，将其作为一个辅助手段，而不能作为专门的应急信息收集手段。

除了以上两种应急信息的收集方式外，还有一种主要的应急信息收集的方式，那就是实地调查的方式，这种方式与前两种方式相比，虽然所消耗的时间、人力、物力、财力相对要多一点，但是能够获得及时、准确的应急信息，对前两种应急信息进行有效的补充，对通过其他渠道获得的信息进行有效的验证，便于后期及时地将正确的应急信息发布到民众的手中，以及供政府管理部门进行有效的决策活动。[1]

政府部门在收集突发事件信息的时候，各个部门要处理的工作不一样，收集的信息就会有不同的侧重点，在发布后可能会有不同的结果，让民众和决策者产生误读的情况。因此，政府部门在进行应急信息收集的过程当中，要尽可能全面地收集突发事件中的相关信息，以应急信息系统库的信息为基础，以媒体渠道和民众渠道为补充，以实地调查为验证，保证收集到的信息真实可靠。

（三）应急信息的传递

应急信息的传递在应急信息的管理过程中是非常重要的一个环节，政府应急管理部门对应急信息系统库的信息、媒体和公众渠道收集的信息、实地调查的信息进行梳理、分析后，将与突发事件相关的应急信息及时传递到政府主管领导手中，便于其进行正确的决策活动，并将应急信息及时发布到公众手中，避免引起恐慌。应急信息的传递关系到收集者、管理者、利用者之间的桥梁，有效的传递能使应急信息发挥它应有的作用，能使应急管理活动得以顺利地开展。在应急信息的传递过程中，要尽量保证信息的准确性，减少中间传递的次数，最好做到一次发出就能直接到决策者或者使用者的手

[1] 胡代平，雷爱中，王琪，等. 政府危机管理的信息需求及获取[J]. 科学技术与工程，2007（9）：2177–2181，2186.

中。例如，可以使用蜘蛛网式的应急信息传递方式，将信息放到一个节点上，其他所有节点上的人都能直接获取该节点上的信息，避免应急信息在传播的过程中丧失其本来的含义。[1]利用蜘蛛网式的传播方式也可以减少因为信息堵塞而造成信息丢失的情况，确保应急信息能够在最短的时间内传递到使用者手中。

（四）应急信息的处理

由于突发事件突然爆发的特性，往往会在短时间内产生大量杂乱无序的信息。对于政府管理部门和民众来说，不是所有的信息都是有用的，只有对这些突发事件信息进行专门的处理才能满足应急管理工作对应急信息的需要，达到辅助政府管理部门进行决策、安定社会民众的目的。在应急信息的处理中，主要涉及以下两个方面的内容。

首先是信息组织工作，又称作信息整序工作，就是应急信息管理人员按照规定的规则、技术、方法对收集到的突发事件信息的形式特征和内容特征进行描述和解释的工作[2]，也是根据给定的参数和排列的方式，把收集到的纷繁杂乱的突发事件信息编辑成为有序的应急信息集合的过程。应急管理工作中建立的应急信息库就是信息组织的结果，应急信息的信息组织者应该具备以下素质：能够记录并描述在突发事件过程中新收集到的信息的内涵，有能力评估突发事件过程中新收集到的信息的显性价值和隐性价值，有能力帮助政府部门的管理者确定是否使用在突发事件中新收集到的信息，有能力确定如何存储在突发事件过程中新收集到的信息。

其次是信息分析工作，信息分析工作又称作信息的深加工工作，在应急信息管理工作当中就是使用科学的知识、方法、手段对整理好的应急信息进行开发，制造能够辅助政府部门管理者进行决策的增值信息。经过深度的信息分析工作，可以将隐藏在突发事件信息中的有用信息开发出来，将没有用处或者是用处小的信息变成有用的或者是用处大的信息。在进行信息分析的过程中，要本着实事求是的原则，不能出现“报喜不报忧”的情况。

---

[1] 朱晓峰. 政府信息流研究及模型构建[J]. 中国图书馆学报，2005（3）：42-46.

[2] 马费成. 信息管理学基础[M]. 武汉：武汉大学出版社，2006：131-135.

（五）应急信息的存储

对于经过收集和处理后的应急信息，下一步就是对其进行存储工作。在应急信息管理过程中，政府部门应当建立有关应急管理的政策法规数据库、有关应急管理的应急预案数据库、有关应急管理的物资调度数据库、有关应急管理的政府组织体系数据库等。在应急信息的存储过程中要多方面考虑，例如存储的载体，尽管当今网络非常发达和便捷，但是考虑介质损坏和网络黑客攻击的情况，也要对重要的应急信息资源建立相应的纸质媒介的存储，对于网络存储的数据要做好本地备份，避免因误操作造成数据的丢失等。这样才能充分发挥经过收集、处理过的突发事件的信息的作用，在以后遇到类似的突发事件时，可以快速地找到应对的预案，以最快的速度解决突发事件。

（六）应急信息的传播

按照《国家突发公共事件新闻发布应急预案》的相关要求，在突发事件的应急信息传播的过程中，需要遵守真实、及时、完整、适当保密的原则。在突发事件发生以后，各级人民政府要尽量在最短的时间内通过各种渠道（如新闻发布会、微信、微博、官方网站等）发布真实、权威的信息，稳定民众的情绪，掌握社会舆论的话语权。对于造成重大伤亡事故的突发事件，要及时召开新闻发布会，将政府部门收集到的权威应急信息及时公布，提升政府的公信力，减少因为突发事件造成的二次影响。

应急信息的及时传播对于处理突发事件有着非常重要的作用，可以帮助民众在最短的时间内获取到真实权威的信息，减少谣言造成的恐慌和社会动乱，减轻民众心理上的负担。例如，“非典”时期，有谣言说加碘盐可以预防“非典”，造成民众疯狂买盐、囤盐的情况发生。倘若不能及时地对应急信息进行公布，很有可能会造成物价上涨，引发社会动乱。政府部门积极发布突发事件的伤亡情况、损失情况、处理措施等，能够让广大民众对突发事件的情况有一个基本的认知，减少谣言的产生，并使他们自主地加入突发事件的救助工作中。

（七）应急信息的利用

对于应急信息的利用，从政府管理部门的角度来说，可以利用整理好的应急信息进行辅助决策，对以后类似的突发事件做好预防工作，减少这种突发事件发生的概率或者减少这种突发事件带来的影响；从民众的角度来说，通过接收政府部门发布的有关突发事件的权威应急信息，可以消除恐慌，减少错误信息带来的二次损失。具体总结起来，应急信息的利用主要包含以下几个方面的内容。

首先，利用在这次突发事件中总结的应急信息可以对以后的突发事件进行预防工作。比如在进行煤矿作业的时候，会发生瓦斯爆炸的情况，根据总结的应急信息可以知道当瓦斯达到一定浓度的时候就会发生爆炸事故，因此可以据此做好预防工作。

其次，利用应急信息进行辅助决策。每个突发事件都有其本身固有的特点，应急部门的管理者要根据实际收集到的应急信息进行决策，提出解决措施，而不能根据以往的经验或者书本的理论单纯地凭感觉下结论。

最后，利用应急信息进行总结。事故带来的教训是惨痛的，政府管理部门从突发事件产生的应急信息中总结经验，对事故处理的措施进行评判，对发生的原因进行总结，减少或避免以后发生类似的事故。对不可避免的自然灾害事故，总结出如何做好应急预案和相应的解决办法，最大限度地发挥应急信息的作用，维护广大人民群众的生命财产安全。

第三节　应急信息管理研究现状

通过对文献的梳理可以知道，我国对于应急信息管理的研究与国外相比较晚。我国对应急信息管理最早的研究是在20世纪90年代初期，这一时期的一些文献对突发事件进行了初步探索，包括企业应急管理和社会公共应急管理两个方面，但总的来说只是少量的尝试，而且基本上集中在企业危机管理方面。直到“非典”事件后，社会各界对应急管理的关注才骤然升温。

将一般的信息管理理论和技术逐步引入应急管理之中，对应急信息实施有效的管理和开发利用，已经成为应急管理研究的一个明显趋势。目前国内对应急信息管理的研究主要集中在以下三个方面。

一是对应急信息管理理论方面的研究。例如，宋君探讨了危机和危机信息的相关问题，并在此基础上分析市政府进行危机管理的必要性。[1]罗永泰、张建宇对危机信息的概念进行阐述说明，并分析危机信息的特点。[2]

二是对应急信息管理过程中信息的获取和信息的传播方面的研究。例如，向欢用六度分隔理论和结构洞理论作为基础，对公共危机的信息传播的方式和机制进行研究。[3]魏玖长、赵定涛以申农和韦弗的信息传播模式为基础，建立了应急信息的传播模式。[4]

三是有关应急信息管理系统的研究，指出在解决现代突发事件的过程中，必须有一个完整的应急信息管理系统作为基础。例如，唐钧指出，公共危机信息管理系统是作为核心机构而存在的，其他的机构要和公共危机信息管理系统进行有机的结合，完成国家层面的危机管理过程。[5]刘铁民从建设思路、结构框架、技术要求等角度对应急信息管理系统进行了详细的探讨，并且提出了在非危机时段对应急管理系统的维护工作的建议。[6]刘焕成等人根据国内外处理突发事件的措施，在联系电子政务建设的基础上，提出我国建设突发事件应急信息系统的策略。[7]

---

[1] 宋君. 政府危机信息处理的必要性及其有效性分析［J］. 行政与法，2006（7）：16–18.

[2] 罗永泰，张建宇. 竞争力新筹码：危机信息管理［J］. 中外企业家，2004（6）：70–73.

[3] 向欢. 公共危机信息传播的社会网络机制研究［J］. 科技传播，2016，8（6）：27，30.

[4] 魏玖长，赵定涛. 危机信息的传播模式与影响因素研究［J］. 情报科学，2006（12）：1782–1785.

[5] 唐钧. 危机管理的新形势与新趋势［J］. 中国减灾，2012（15）：44–46.

[6] 刘铁民. 重大事故灾难情景构建理论与方法［J］. 复旦公共行政评论，2013（2）：46–59.

[7] 刘焕成，刘芬，刘爽. 美国应急管理现状及对我国的启示［J］. 情报科学，2009，27（11）：1619–1622，1630.

第四节 案例分析

应急信息的发布往往受到社会的高度关注，因此，在发布的过程中就要谨慎严格，尤其是在危机事件面前，公众急切期待政府权威的信息和表态，错误的、迟缓的、片面的信息是不被允许的，政府必须在谣言散布之前将信息公布，维护自身的公信力。笔者将结合具体案例分析政府在危机事件中发布应急信息时应遵循的原则要求。

一、发布主体主动、明确

政府信息往往与公众利益密切相关，政府作为管理的主体，理应要以人民的利益为重，主动将法定范围内的信息进行公开发布，这也是执政为民的应有体现。然而，在危机事件中，由于事件的复杂多变，涉及很多的部门，很有可能产生发布主体不清的现象，因此在危机事件的不同阶段明确发布主体显得不太容易。假如在应对危机事件中发布主体不够清晰明确，就会出现职责归属模糊的问题，甚至互相推诿，或缺乏协调合作，口径不一，发声前后矛盾，造成危机进一步升级。2014年3月，在“马航客机失联”事件中，马来西亚政府作为协调多个信息源的核心，却没有发挥信息整合的主导作用，各种信息出现不一致，造成“信息孤岛效应”，使得事件舆情一度高涨。为此，政府应该明确自身在应急管理中的主体作用，突出政府应急信息的主控性、强制性、权威性，通过授权或协调确立每一个危机阶段的发布主体，主动将有用的应急信息准确地发布出去，引导舆论正面发展，促进危机化解，维护政府官方形象和公信力。[1]

---

[1] 封艳. 突发性自然灾害应急管理中的政府信息公开问题研究［D］. 成都：西南财经大学，2010.

二、发布时间快速、及时

新闻信息不仅要及时发布，也要在后面及时更新，这在发布应急信息时体现得更明显。突发事件发生后，社会公众希望在最短的时间内就能获得突发事件的详细情况，如果政府官方发布信息迟缓，不仅没有满足公众的知情权，而且在权威声音缺失的情况下，小道消息、谣言将会趁机传播，事件有可能就被曲解，造成先入为主的效应，产生的负面影响更是无法估量。2009年2月，震惊全国的“躲猫猫”事件本来可以防止危机形成，但是当地管理机构担心信息发布出去会损害政府公信力，不利于进行舆论引导，一次次捂住真相延迟发布，错过了最佳发布时机，最终导致自我形象被抹黑。政府掌握着社会的大部分信息，应将关乎公众利益的信息在第一时间发布，及时与媒体沟通，联合媒体共同发声，提高发布的及时性，掌握在应急信息发布过程中的主动权，防止流言、谣言从其他渠道产生[1]。同时，应急信息发布要保持连续性，根据事件发展的情况及时将最新的信息发布出去。

三、发布形式多样、互动

随着互联网技术的发展，在同一载体上出现了很多新的形式，如新闻发布会还可以实现线上直播，网络发布除了网站载体，还有微博、微信、直播间等衍生社交媒介。如今大数据、可视化呈现的运用更是涌现出数据共享、微视频等丰富多样、喜闻乐见、充满互动性的形式。[2]每一次信息发布所采用的形式不是固定的，而是根据信息的性质和事件具体情况选择相应的载体形式，其最终目的都是将重要的信息快速顺畅地传达到受众。2013年，“薄熙来案”庭审中采用了全媒体新闻发布，现场公正地向公众展现了庭审情况，是一次信息发布的成功尝试。在危机事件中，政府部门应该以新闻发布会等官方权威渠道为基础，充分与媒体合作，安排专家、学者辟谣，利用传统媒体、新媒体、自媒体等多种渠道将有用的信息最大化地传递给受众，与

---

❶ 刘芳. 重大突发事件政府应急信息发布研究［D］. 湘潭：湘潭大学，2012.

❷ 李喜童. 政府应对突发事件的信息发布机制研究［J］. 中国应急救援，2011（2）：10–13.

公众进行互动，为事件的解决营造一个良好的舆论环境。

四、发布内容全面、客观

在突发事件中，政府发布的应急信息越模糊，公众的关注度就越高，猜疑和谣言的传播空间也越大；反之，如果应急信息全面且客观，将事件的关键和必要信息讲得越清楚，受众的信息需求程度就越低。[1]因此，政府应急信息发布不仅要确保信息的真实性，还要尽可能全面、客观，要用5个W和1个H（即When、Where、Who、What、Why和How）告诉公众事实，切不可“只报喜不报忧”，切不可为了“遮羞”而将事件的核心信息屏蔽掉，或用模棱两可的信息蒙混过关，而应在有限的时间内将情况摸清楚，然后依法、依规将真实透明、客观全面的信息公之于众。在应急的不同阶段，政府也应该根据事态的发展有选择性、针对性地进行信息发布，避免无关、片面、主观臆测的信息。2014年11月，广东某市发生贩卖野生动物事件，当地政府部门虽然很快介入，但是在发布新闻稿的时候过度强调领导重视，而忽略了社会公众的关切，“有力措施”“统一行动”“加强宣传力度”这类信息充斥全篇，没有该事件的原因、进展、措施等全面的信息，造成后期工作的被动。

五、发布言语妥当、诚恳

网络文化本身带有“反叛”的属性，在网络危机事件中，网友往往对“官样文章”极其反感，用人性化的语言与公众沟通，才不至于与网友形成对立面。政府作为应急主体，代表的是官方权威的声音，如何发布应急信息，发布什么样的信息，对危机事件的走向有着很大的影响，甚至是决定性作用[2]。2017年3月，桂林某风景区发生一起游客被导游蛮横对待事件，桂林市委宣传部及旅游发展委员会相继出面协调处置，并向网友发出诚恳的歉意，其言语措辞所反映的态度得到网友的一致点赞，至此事件没有进一步升级。因此，在发布信息的过程中必须言辞恰当、态度诚恳，缓解公众及

---

❶ 王晓琪，冯子健. 突发公共卫生事件中的谣言监测［J］. 中国卫生监督杂志，2007（2）：97-98.

❷ 邓永福. 突发事件中政府信息公开有效性研究［D］. 济南：山东大学，2015.

当事人的情绪，耐心解答网友及媒体的疑惑，避免新的矛盾或谣言的产生。作为社会关系的协调者，政府还应该正视事件的危机，把握好措辞，既要诚恳，又要保证信息的权威性，切勿偏袒一方，或是发布与政府身份不恰当的信息。

六、发布数量适当、灵活

政府信息本身带有权威性、严肃性，应急信息有着敏感性的一面，什么时候发布，发布多少，都要根据当时的具体情况来定。当事件发生后，要精准判断该事件发展成网络危机的可能性，如果不大可能大范围传播，则谨慎发布，或者该事件已经过去了很久，就尽量不要再提及，保持克制的态度，以免触发舆情、节外生枝；如果事件比较严重，而且已经有了蔓延之势，则需要迅速了解情况，并及时将尽可能多的信息发布出去；或者该事件牵连到其他事件拖而未决，也需要尽可能地发布，否则政府在新媒体舆论场中的公信力和权威将会受损。2015年8月，某市爆炸案轰动了全国，该市市委和相关部门在公众急切需要知道事件详细原因的时候没能将信息发布出来，甚至中途中断了新闻发布会，发布信息的数量显然没有让公众满意，但事件过去后，当地政府很少提及这个话题，保持了一定的克制。[1]总之，应急信息发布的数量一定要根据事件情况和危机的阶段性规律来确定，要恰当而灵活。

---

❶ 张佩珏. 社交媒体在突发事件中的传播特征和作用研究——以天津8·12特大火灾爆炸事故为例[D]. 南昌：江西师范大学，2016.

第三章　应急信息政策与法规

第一节　应急信息政策

一、应急信息政策的含义

应急信息政策在概念上属于信息政策的范畴，我国对其研究的起步较晚，20世纪90年代国内开始兴起研究热潮。信息政策被视为一个专业性的学术用语始于20世纪的欧美发达国家和地区，当时信息政策的研究领域有较大的局限性，主要集中在科技和情报部门既有的信息政策问题以及计算机领域的迅速发展可能对人类社会的影响等问题和方面。20世纪中叶后，信息政策的文献研究明显增多，其内涵也表现出多样化的特点。[1]在紧急状态下，对应急信息政策的有效执行可以化解危机带来的各种消极影响。国内学者关于信息政策的定义也有所不同。卢泰宏认为，“信息政策是国家用于调控信息产业的发展和信息活动的行为规范和准则，它涉及信息产品的生产、分配、交换和消费等环节，以及信息行业的发展规划，组织与管理等综合性的问题”[2]。杜佳、马费成认为，信息政策是指国家和社会团体、机构针对信息领域相关产业所做出的规范性内容。[3]综合来讲，笔者认为，信息政策就是国家或社会组织为达到一定的目的，对信息活动、信息行业和信息行为所

---

[1] 马费成. 信息资源开发与管理[M]. 北京：电子工业出版社，2009：158–159.

[2] 卢泰宏. 国家信息政策[M]. 北京：科学技术文献出版社，1993：201–205.

[3] 杜佳，马费成. 中、美及欧盟信息政策法规建设比较研究[J]. 中国图书馆学报，2006，32（1）：34–38.

做出的总体规划、指南和规范性原则等，它包含了整个信息活动的流程和各个环节；而应急信息政策是国家和地方政府、组织机构针对特定的各种突发事件以及该事件所引起的问题的解决方案、方针措施等规范。它为政府和相关部门提供了紧急状态下的指导方案，对于社会的稳定和谐有着极大的意义和作用。政府在紧急状态下所实施的应急管理活动大多是由应急信息政策保障的，并通过应急信息政策来协调政府各个部门之间、政府与民众之间的关系。完善应急信息政策，有利于增强国家的风险防控能力，进一步推进国家治理体系与治理能力的上升。

为了让应急信息管理实现最佳效果，各级政府和部门的行政、执行和管理活动大多都是通过政策来保障和实施[1]，当紧急事件发生时，为了避免由紧急事件的巨大冲击力而导致的政治、经济、基础设施和人民群众生命财产的损失，就需要动用国家和政府的行政权力制定相关应急信息政策，规范和调整应急期间国家、政府以及公民之间的义务和权利关系，最大化地降低突发事件所造成的损失和及时恢复社会正常秩序。应急信息政策是国家和政府应对突发事件进行应急管理的保障，应急信息政策效用发挥与否由政策的合理性、科学性、适用性所决定。应急信息政策的关键就在于如何制定出科学、有效、特殊的政策体系，以提高政府的应急信息管理能力和水平。[2]

二、应急信息政策模型

模型是具体现实世界表象化、部分化、简单化的代表，目前，已经有许多政策学家在不同程度上做出了很多关于政策方面的模型和理论上的应用实践。[3]应急信息政策模型是人为建立起来的，是对具体应急信息政策制订过程的简要概括，它着重突出应急信息政策的核心内容和本质特征，有利于社会公众和应急信息政策的制订者更好地理解并接受该应急信息政策的产生缘由、发展变化、政策效果等，便于了解其政策运行机制和未来的发展态

---

[1] 黄斌. 应急时期的司法政策分析［J］. 人民司法，2012（9）：68–71.

[2] 周振刚，杜言利. 突发事件应急管理与政府公共政策制定［J］. 山东理工大学学报（社会科学版），2014，30（4）：19–21.

[3] 陈翀. 微观信息政策研究［D］. 合肥：安徽大学，2010.

势，以及能全面地接受应急信息政策的规划。现有的比较成熟的政策模型包括制度模型、过程模型、渐进模型、理性模型、对策模型、团体模型、系统模型等，笔者基于美国学者托马斯·戴伊提出的过程模型（Policy Life of Cycle），提出了应急信息政策的过程模型（见图3-1），它较好地涵盖了应急信息政策的全套流程，表明应急信息政策是一个不断进行和发展运动的过程。

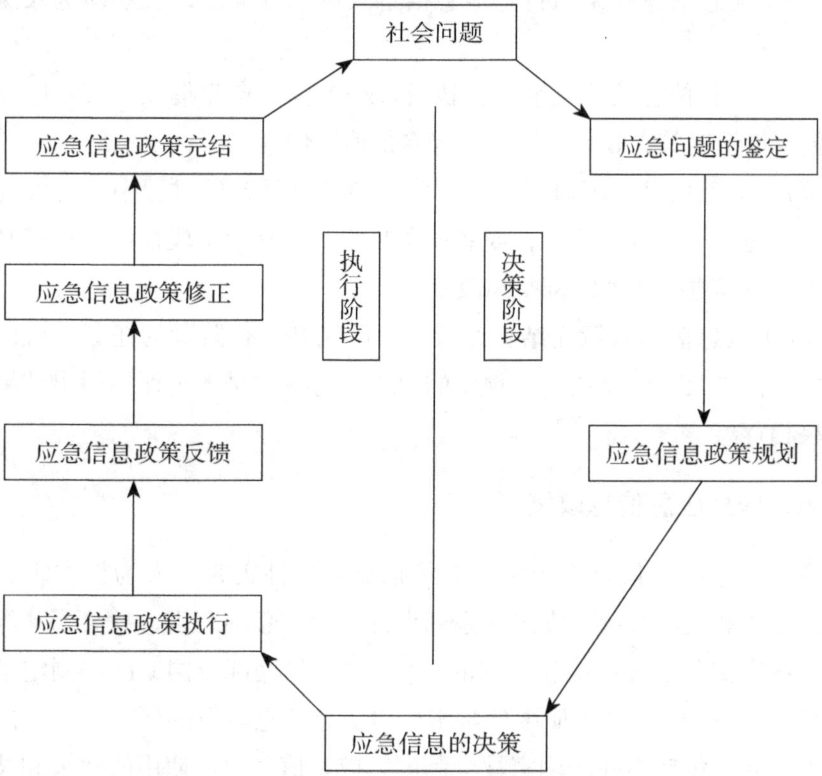

图3-1　应急信息政策过程模型

应急信息政策过程模型与政策生命周期理论类似，它通过对不同阶段的执行任务的描述，对政策过程进行详细的分析阐述。应急信息政策过程模型阶段性论述如下。

（1）社会问题：即突发事件的出现，应急管理部门要着手去应对的问题。

（2）应急问题的鉴定：通过分析突发事件的成因、发展变化和趋势等，确认和鉴别该突发事件的性质和类别，对应急问题进行分类。

（3）应急信息政策规划：对应急问题的分析与研究，着手于对应急问题的解决措施的规划。

（4）应急信息的决策：政府部门和决策者要根据一定的事实、概况等，通过一系列的原则、方法、标准，最后抉择出采用哪种应急信息政策最为合适。

（5）应急信息政策执行：应急信息政策一旦确定，就立即进入执行的状态。

（6）应急信息政策反馈：在执行过程中要注意收集社会公众以及执行部门的反馈情况等，收集反馈意见等有价值的信息。

（7）应急信息政策修正：在收集应急信息反馈的过程中，会发现一些具体的措施不适宜继续执行，或者该条政策不适宜现阶段执行，在有必要的时候需要对其进行适当的调整与改变。

（8）应急信息政策完结：通过决策阶段和执行阶段的任务，可以发现一些应急信息政策已经达到了预期的效果，有些则是通过评估得出结果与预期效果相背离。

三、国外应急信息政策

应急信息政策最早缘于国家为了抵御破坏性灾害、人为性灾害、化学物质的侵袭和扰乱社会治安的一系列事件，例如恐怖袭击，社会暴动等。它是整个国家应急管理系统和流程的一部分[1]。早期部分国家已经制定了一些应急信息法律和政策[2]，而国外学术界对应急信息政策的研究所针对的着重点各不相同，包括不同的国家社会制度、应急信息政策使用的效果和技术性层面等对应急信息政策的影响。美国、日本以及欧洲国家虽都是资本主义体制，但它们对本国应急信息政策的制定也大不相同，都是根据本国国情出

[1] 迟娜娜，邓云峰. 俄罗斯国家应急救援管理政策及相关法律法规（一）[J]. 中国职业安全卫生管理体系认证，2004（5）：8-11.

[2] LAWSON J，FENG XU. SARS in Canada and China：two approaches to emergency health policy[J]. Governance，2010，20（2）：209-232.

发。例如，日本各级政府具有内部联系的特征，地方领导具有广泛的行政决策权。日本是个灾害频发的国家，当紧急事件发生时，政府的上下级沟通与报备的过程严重影响应急问题的处理，因此地方政府具有较大的职权，一些国家层面的应急信息处置职能也归为地方政府所有，且政府各级部门在应急过程的不同阶段也具有相应的应急信息政策要求。突发事件的成功应对离不开一定的技术手段来支撑，例如地理信息系统、遥感卫星、地理模型等一系列科技成果，发达国家先进的科研力量和雄厚的资金保障，使得技术性层面的研究对应急信息政策的贡献也愈加明显。

四、国内应急信息政策

相较于国外发达国家完善的应急信息政策，我国则起步较晚，目前已经初步形成了在应急信息法律法规的框架之下的一套应急信息政策体系，在处理突发事件中起到了重要的作用，成果颇多。应急信息政策是应急信息管理的前提，也是事关各部门应急信息管理能力强弱和水平高低的关键性因素。我国自2003年“非典”以来，已经形成了层次分明且整体性强的应急信息政策建设和制定格局，目前，以“一案三制”为核心的应急信息政策和预案建设已有显著的突破和提高，基本上达到了有法可依、有章可循的目标，这直接促进了应急信息活动的标准化和规范化。[1]但同时也应该意识到，现有的应急信息政策并不能完全满足我国实际发展的需要，仍存在许多不健全、整体化和体系化不足的现象和问题，政策和制度在不同部门、不同层级之间的流通和衔接契合度不够，在横向和纵向两个维度上并没有完全传输好应急信息政策，使得其内在的价值不能得到完全的发挥，间接性制约着我国应急信息政策的发展前景。

应急信息政策通过规范、鼓励、禁止公民的行为动作，来延缓和解决应急问题，保障社会的稳定和公民的安全，一般情况下表现为某类规范和管制性条文。目前我国的应急政策主要是以加强应急能力为导向，贯彻落实好《中华人民共和国突发事件应对法》的各项原则规范。

---

[1] 陆继锋. 应急管理“碎片化”：危害、成因与应对之道[J]. 山东行政学院学报，2017（3）：1–7.

第二节 应急信息法规

一、应急信息法规的含义

近年来，我国的经济建设转型升级如火如荼，突发事件也愈加增多，各种类型的紧急事件层出不穷，对社会的稳定、经济的发展都产生了消极影响。为了满足国内对应急信息管理的需求，我国政府颁布了应急信息法律法规、规章细则等条文框架。[1]应急信息法规是指国家、地区为了应对突发事件以及该事件引起的严重的社会危机所制定的、处理本国所面向的各种突发事件社会关系的法律原则和规范的总和。整体上看，应急信息法规具有重要地位，是国家宏观上的法律法规体系中不可或缺的重要一环。[2]

二、应急信息法规与应急信息政策的区别与联系

应急信息法规与应急信息政策共同作用于国家的应急管理事业中，二者相互促进、相辅相成，发挥了巨大的政治价值、经济价值和社会价值。应急信息政策相比于应急信息法规来说，更具有灵活性，应急信息法规的强制性使得应急管理得到了根本的效用保障，而政策的灵活性则使得政府和基层行政部门在突发事件发生时大有可为，少了许多繁杂的条框限制，更有利于各个层面的资源得到整合与充分利用。地方政府可以因势利导，针对本地突发事件的实际情况制定出相应的应急信息政策，使其发挥出巨大的价值。而应急信息法律法规体系可以防止在突发状态下出现权力与权利的失调现象，使行政权力的运用更加合理、合法化和公民的各项权益不受侵害，这是应急信息政策的效力所不能达到的。

---

❶ 中国安全生产科学研究院. 完善我国应急管理法律法规体系［J］. 劳动保护，2018（6）：32–35.

❷ 余颖哲. 论我国重大突发事件的应急法制建设［D］. 武汉：华中科技大学，2012.

三、国外应急信息法律法规

随着气候恶化、环境问题等各类突发事件在全球范围内层出不穷，许多国家都把制定应对突发事件的应急信息政策提上议事日程，采用各种措施和手段来出台和完善应急信息法律法规。法律法规是各国处理灾害等问题的基本工具，这些法律法规有助于各国预防灾害、减少风险、做出反应和进行管理。在应急信息法制建设方面，美国和日本居于世界前列。

美国是世界上应急信息法律制度较为完善的国家之一。美国是联邦制国家，各个联邦和州均有自己的法律政策，一般而言，州法律不得高于联邦法律，联邦法律是宏观整体上的一个法律框架，各个州则对应急信息法律的细节的制定和掌控较为齐全。自1950年以来，美国陆续颁布了约130项单项法律，至今已经形成了一套比较具体的应急信息法律体系。从法律效力上来看，宪法是美国法律的基础，具有极强的权威性[1]，其次是各个专项法律，例如《国防生产法（1950）》《全国紧急状态法》等，通过对各自部门的职责明确分工，提高了应急整体的协同联动以及全方位合力的作用；对各自应急信息相关行业领域，从更加有针对性的专业的角度来进行立法，便于社会公众的参与，缓解政府的应急压力[2]，例如《地震灾害减轻法（1977）》《国家干旱政策法（1998）》等。美国应急信息法律覆盖面较广，数量可观。

日本的地理位置处于板块交界处，人口密度大，气象灾害、地质灾害以及各类社会突发事件层出不穷，但日本突发事件及自然灾害所造成的死亡率同比于世界各国很低。作为较早颁布应急信息基本法和政策的国家之一，日本国内的应急信息法律体系是十分完善的，它的《灾害对策基本法》涵盖面广，分别规定了国家、中央政府、地方、社会团体和公民所要履行的责任与义务。除基本法之外，还有防灾法及应急信息法律，形成围绕突发事件过程

---

[1] 美国加州大学，美国斯坦福大学法学院. 美国法律体系：宪法［M］.《美国法律体系》编译组，编译. 北京：中央广播电视大学出版社，1998.

[2] 吴大明，宋大钊. 美国应急管理法律体系特点分析与启示［J］. 灾害学，2019，34（1）：157-161.

制定的法律体系，即基础性法律、预防法、应急法、重建法、组织法等组成部分，使得日本在紧急事件发生后能够井然有序地恢复建设。日本作为发达国家，其自身的应急信息法律法规体系已较为成熟，约有200部[1]，与之配套的一系列基础设施和政策条文也逐步齐全。日本是我国的邻国，与我国的气候条件有着许多相似之处，其成熟的应急处理模式以及完备的应急信息政策法律体系值得我国深入研究。

四、国内应急信息法规

我国现阶段已经初步形成应急信息法律法规体系，这对于提高我国应急管理的能力，保障人民的人身和财产安全，提高预防和应对突发事件的能力有着至关重要的意义；同时，对于我国应急信息事业的管理起到了定心丸的作用，使得相关部门在具体的操作执行时有了法律法规的依据，更能规范执法部门和人员的行为，发挥其应有的巨大价值；还有利于应急信息管理事业的蓬勃发展，降低和抑制不利影响，促进我国的法制建设。基于此，应急信息法律法规正在逐渐地成为研究热点。

应急信息法律法规是国家和地方政府有关部门开展应急信息管理最根本的依据，是其开展应急工作的总的凭证。据统计，我国应急信息领域的法律，已初步形成了以宪法为依据，以《中华人民共和国突发事件应对法》为核心内容，相关的法律法规与之配套的应急信息法律体系，其对于突发事件涉及的各个行业领域都有所覆盖。

我国于2007年通过了《中华人民共和国突发事件应对法》，这是目前我国应急信息管理的综合性法律，也是应急信息基本法。该法律共有7章70条，涵盖了突发事件的总则概述、预防与应急准备、监测与预警、应急状态的处置和救援、恢复和重建、法律责任的追究等一系列程序，并规定了基本的秩序和制度。该法作为应对突发事件的母法，与其他应急信息法律法规共同构成了应急信息管理的法律法规体系，在应急应用领域中有着重要地位。应急信息行政法规有37条，涉及电力、地震、卫生、环境、交通等各个领

[1] 钟金花. 他山之石：美国、日本应急管理体系面面观［J］. 湖南安全与防灾，2018（5）：20–21.

域。而地方性立法机关又在应急信息法律体系的框架内出台了各种各样的适合于本地实际需要的应急信息行政规章。总的来说，我国现行出台的应急信息法律法规已囊括了绝大多数种类的突发事件的应对方法，已能够基本满足我国应急信息管理方面的实际需要。相比于一般国家，我国领土幅员辽阔，各种地形地势分布不一，气象灾害时有发生；人口众多，社会各类焦点问题容易成为突发事件的导火索，我国必须不断探索新的适合于实际的应急信息法制建设才能与社会进步的节奏相匹配。

第三节　案例分析

余某诉海南省某市国土环境资源局案[1]

一、基本案情

余某在紧临某混凝土有限公司混凝土搅拌站旁种有30亩龙眼果树。为掌握搅拌站产生的烟尘对周围龙眼树开花结果的环境影响情况，于2013年6月8日请求某市国土环境资源局（以下简称某国土局）公开搅拌站的相关环境资料，包括：三土环资察函〔2011〕50号《关于建设项目环评审批文件执法监察查验情况的函》、三土环资察函〔2011〕23号《关于行政许可事项执法监察查验情况的函》、三土环资监〔2011〕422号《关于某混凝土有限公司混凝土搅拌站项目环评影响报告表的批复》《某混凝土有限公司混凝土搅拌站项目环评影响报告表》。7月4日，某国土局做出《政府信息部分公开告知书》，同意公开422号文，但认为23号、50号文系该局内部事务形成的信息，不宜公开；《项目环评影响报告表》是企业文件资料，不属政府信息，也不予公开。原告提起行政诉讼，请求判令某国土局全部予以公开。

[1] 最高人民法院. 政府信息公开十大案例[EB/OL]. [2020-12-01]. https：//www.sohu.com/a/258322562_693202.

二、裁判结果

某市城郊人民法院经审理认为，原告请求公开之信息包括了政府环境信息和企业环境信息。对此，应遵循的原则是：不存在法律法规规定不予公开的情形并确系申请人自身之生产、生活和科研特殊需要的，一般应予公开。本案原告申请公开的相关文件资料，是被告在履行职责过程中制作或者获取的，以一定形式记录、保存的信息，当然属于政府信息。被告未能证明申请公开之信息存在法定不予公开的情形而答复不予公开，属于适用法律法规错误。据此，判决撤销被告《政府信息部分公开告知书》中关于不予公开部分的第二项答复内容，限其依法按程序进行审查后重新做出答复。一审判决后，余某不服，提出上诉，二审期间主动撤回上诉。

三、案件意义

本案的典型意义表现在三个方面。第一，对外获取的信息也是政府信息。本案涉及两类信息：一是行政机关获取的企业环境信息；二是行政机关制作的具有内部特征的信息。关于前者，根据《政府信息公开条例》的规定，政府信息不仅包括行政机关制作的信息，同样包括行政机关从公民、法人或者其他组织获取的信息。因此，本案中行政机关在履行职责过程中获取的企业环境信息同样属于政府信息。关于后者，本案行政机关决定不予公开的23号函和50号函，虽然文件形式表现为内部报告，但实质仍是行政管理职能的延伸，不属于内部管理信息。第二，例外法定。政府信息不公开是例外，例外情形应由法律法规明确规定。本案判决强调，凡属于政府信息，如不存在法定不予公开的事由，均应予以公开。被告未能证明申请公开的信息存在法定不予公开的情形，简单以政府内部信息和企业环境信息为由答复不予公开，属于适用法律错误。第三，行政机关先行判断。考虑到行政机关获取的企业环境信息可能存在涉及第三方商业秘密的情形，应当首先由行政机关在行政程序中做出判断，法院并未越俎代庖直接判决公开，而是责令行政机关重新做出是否公开的答复，体现了对行政机关首次判断权的尊重。

第四章　应急信息采集

应急信息采集是开展应急信息管理的第一步，在整个应急信息管理过程中居于首要地位。首先，应急信息具有散乱分布、数量庞大、内容多样的特点，高效、准确、全面地监测收集应急信息有利于开展有序管理；其次，应急信息不对称会影响应急管理的速度和准确性；最后，通过应急信息全面监测，有助于把事件消灭在萌芽状态或减轻其危害。

第一节　应急信息采集主体

狭义上讲，应急信息采集是根据应急管理的需要，通过各种渠道和形式获取相关信息的过程。[1]广义上讲，应急信息采集是一个连续的动态过程，主要包括以下过程：体制建立、预案设计、信息获取、信息甄别、信息处理、信息集成、信息发布。

除采集外，学者常用收集、获取、监测等词语表达相同的含义。关于监测和预测，许峰、谢承华对公共危机监测以及危机预测两者概念进行辨析，他指出危机信息监测包括“平时”和“战时”两种状态，前者一般是突发事件还没有被感知和发现，或者刚刚被感知和发现时进行，当危机事件的征兆超过警戒值时，危机监测进入“战时”状态，此时信息监测力争掌握灾害产生的各个侧面的变化情况，实时掌握事件发展的动态信息。公共危机预测在

---

[1] 惠志斌，何小菁，吴建华. 试论国家综合性危机信息管理系统的建立[J]. 情报杂志，2004（8）：56-58.

于将监测中获取的信息进行整理和评估，进而准确把握公共危机事件的脉络，为防范事件的发生提供依据。危机信息监测是对突发事件状态的监控和描述，公共危机预测是对其发展态势的估计和判断。危机预测是以信息监测为基础的，危机预测是信息监测的延续。[1]

本书主要讨论的对象是与突发事件相关的公共危机信息，突发事件是指突然发生，造成或者可能造成严重的社会危害，需要采取应急处置措施予以应对的自然灾害、事故灾难、公共卫生事件和社会安全事件。

关于应急信息采集的来源及渠道，有学者已做了相关讨论。吴建华指出应急信息采集的渠道分为制度性渠道和非制度性渠道，前者包括报告、举报、公文，后者包括机构、媒体、文献、交流。[2]向鹏将突发公共事件科技信息采集的渠道分为组织渠道和非组织渠道，前者包括政府、咨询组织、大众传播媒体，后者包括现场调查、文献检索、人际传播。[3]作者依据一定的划分标准，总结了应急信息采集的来源和渠道。

应急信息采集的来源从主体角度划分包括政府部门、民间机构和民众。

（1）政府部门。目前国内已经建立了较为完备的政府应急部门体系，中央政府和地方政府承担着应急监测预警、决策指挥的责任。例如，国家应急管理部要建立灾情报告系统并统一发布灾情，统筹应急力量建设和物资储备并在救灾时统一调度，组织灾害救助体系建设，指导安全生产类、自然灾害类应急救援，承担国家应对特别重大灾害指挥部工作。又如动物疫情应急信息监测来源主要包括国家、省、市、县四级动物疫病防控机构。

（2）民间机构。应急信息采集的民间机构包括咨询机构、社区组织、企业、学校、公益组织等，民间机构存储的应急信息往往具有针对性，各具特色，机构专家的知识经验也是宝贵财富。

（3）民众。民众可以填补各个部门和机构信息采集范围的疏漏，发挥群策群防群控的作用。

---

[1] 许峰，谢承华. 公共危机监测、预测与预警关系辨析［J］. 图书与情报，2011（5）：75–77.

[2] 吴建华. 试论公共危机信息收集的范围与渠道［J］. 情报科学，2007（12）：377–381.

[3] 向鹏. 突发公共事件科技信息的采集与传播［D］. 长沙：湖南大学，2008.

应急信息采集的渠道可以分为制度性渠道和非制度性渠道。

（1）制度性渠道。第一，举报渠道。国家政府开设举报渠道，通过单位和个人的举报及时获取突发事件信息，如12315消费者投诉举报专线电话。第二，报告渠道。《国家突发公共事件总体应急预案》中规定："特别重大或者重大突发公共事件发生后，各地区、各部门要立即报告，最迟不得超过4小时，同时通报有关地区和部门。应急处置过程中，要及时续报有关情况。"第三，公文渠道。指在行政管理过程中通过行政渠道下发或上报的文件、政策、法规、通知、简报、报表等材料来收集信息。

（2）非制度性渠道。第一，媒体渠道。包括报纸、杂志、广播、电视、互联网等。大众传播媒体具有速度快、范围广、影响大等特点。第二，口头渠道。零次信息的时效性较强，内容较新。第三，文献检索渠道。可以通过文献检索获取突发事件的解决方法。

第二节　应急信息采集方法

应急信息采集方法主要分为传统信息采集方法和现代信息采集方法。传统信息采集方法主要是人工采集，包括人员值班、应急调查法、咨询法。现阶段传统信息采集方法的作用不可小觑，不应忽视普通民众以及信息员的作用，但整体来看传统方法消耗大量的人力、物力，且实时性差、数据资源利用较低、管理效率不高，无法全面地满足应对各种突发事件的要求。现代信息采集方法依托于先进科学技术进行采集，包括专门监测机构如陆海空观测站、自动气象站、雷达观测站、卫星观测站采集系统、舆情信息采集等，信息获取后进行组织标引等，实现信息的汇总集成，形成决策数据库，为以后的应急信息采集提供指导。

下面依据突发事件的四种类型——自然灾害、事故灾难、公共卫生事件和社会安全事件，依次介绍其具体的应急信息采集方法。

一、自然灾害应急信息采集方法

自然灾害主要包括水旱灾害、气象灾害、地震灾害、地质灾害、海洋灾害、生物灾害和森林草原火灾等。

（一）传统信息采集方法

通常县级以下的乡、镇、村等基层地区获取灾害信息主要依赖于基层灾害信息员。[1]应急调查也是一项主要的手段，其主要工作内容是灾害现场调查，并分析、评估灾害。[2]

（二）现代信息采集方法

国家级灾害信息监测由专业的灾害监测机构完成，借助较为先进的科学技术手段严密监测，以获得大量零星分散的灾害信息。电网气象灾害监测方法有自动站实时要素数据监测、地面雷达监测（多普勒天气雷达）、高空卫星云图监测（气象卫星获取的红外波段云图、综合云图信息以及相应的地理位置定位信息）等。[3]利用大众传播媒体进行采集也是常见的采集方法。早期利用短信服务的方式来进行应急信息的采集，保障率较大，覆盖面更广，且更加具有细节性。[4]

值得关注的是，有学者提出要加入生命线系统的监测，包括供水、排水、供电、供气、通信、交通等方面的信息。[5]

二、事故灾难应急信息采集方法

事故灾难突发事件主要包括工矿商贸等企业的各类安全事故、交通运输事故、公共设施和设备事故、环境污染和生态破坏事件等。

---

[1] 汪晶晶. 基于信息管理的协同应灾机制研究[D]. 合肥：安徽农业大学，2009.

[2] 涂美义. 省级地质灾害应急服务架构及方法体系研究[D]. 武汉：中国地质大学，2016.

[3] 程中华. 气象灾害预警的电力应用课题研究[D]. 济南：山东大学，2015.

[4] 何霆. 增强型12322地震应急信息服务系统[J]. 华南地震，2012，32（3）：107-117.

[5] 高萍，齐乐，徐国栋，等. 我国街道社区地震应急管理机制研究——以北京市街道社区为例[J]. 灾害学，2014，29（3）：192-196.

（一）传统信息采集方法

就传统的应急信息采集方法而言，中国矿难事故信息采集的途径包括现场调查、逻辑推理、全面跟踪、咨询专家。❶就交通运输事故的应急信息采集方法而言，目前国内高速公路应用的传统信息采集方式主要包括电话报警、警察巡逻队报警、指挥中心人员观察实时交通路况监控大屏报警等方法。❷

（二）现代信息采集方法

摄像机监视、收费系统和信息采集点设施采集、GPS采集等方法已经广泛应用于交通运输事故信息采集中。目前的交通运输信息主要分为固定型交通信息和移动型交通信息，固定型交通信息获取技术是指将交通检测器设备安装在固定的地点，用其对移动的车辆进行监视，采集交通流参数。固定型交通信息采集设备包括感应线圈检测器、电磁检测器、视频检测器、微波检测器、超声波检测器、红外检测器、激光检测器、噪声检测器、能见度仪等。移动交通信息采集技术包括基于GPS浮动车采集技术、基于RFID（射频识别技术）的信息采集技术、基于汽车牌照识别的信息采集技术、基于遥感图像的大范围路网交通信息获取技术、智能手机技术、条码技术等。

企业安全事故方面，可以利用安全监测终端设备进行企业园区联网数据采集，如可燃及有毒有害气体探测器、火灾探测器及其相应的报警控制器等。❸有学者指出除了进行监测设备的信息采集外，还应注意包括值班制度、人员素质的信息采集。❹在监督问责制度方面，2018年3月9日《国务院安委会安全生产约谈实施办法（试行）》正式印发实行。

三、公共卫生事件应急信息采集方法

公共卫生事件是指已经发生或者可能发生的、对公众健康造成或者可能

❶ 郑红. 我国矿难事故中的信息采集与披露机制研究［D］. 成都：成都理工大学，2013.

❷ 宋成龙. 决策支持技术在公路交通应急指挥系统中的应用研究［D］. 哈尔滨：哈尔滨工程大学，2016.

❸ 陈珑凯. 基于物联网的化工园区事故态势感知研究［D］. 广州：华南理工大学，2015.

❹ 梁元杰. 天然气净化厂突发事件应急能力评估及应用研究［D］. 重庆：重庆科技学院，2016.

造成重大损害的传染病疫情和不明原因的群体性疫病，还有重大食物中毒和职业中毒以及其他危害公共健康的突发公共事件。

（一）传统信息采集方法

食品安全事件采集方法有调查法和观察法，调查法分为访问调查法和问卷调查法；观察法包括对人的观察和对事的观察两个方面。[1]

（二）现代信息采集方法

动物疫情应急信息监测方法有防控机构等的信息直报、舆情监测等。[2]在医学救援应急信息采集方面，可以应用数字化信息采集装备，信息采集由“人工采集”向“实时监测”转变。还可借助通信和网络技术改造救护车、医院等，对药品器材等物资采用条码技术识别信息，“单兵救护信息系统”为人员、救护所佩戴安装实时通信设备等。

在大众媒体信息采集方面，可以利用 12315 行政执法网络，积极受理和处理消费者的申诉举报，对市场进行全面监控。[3]对于来源于网络、电话、传真、短信、走访等多种渠道的信息可以进行甄别、提取，编辑形成拟上报的食品药品安全重大信息，并实现对拟上报信息与直报信息源的关联。[4]

四、社会安全事件应急信息采集方法

社会安全事件一般包括重大刑事案件、重特大火灾事件、恐怖袭击事件、涉外突发事件、金融安全事件、规模较大的群体性事件、民族宗教突发群体事件、学校安全事件以及其他社会影响严重的突发性社会事件。

我国传统的对突发社会安全事件的信息收集方法是先对安全事件进行定级、定位、定性，然后根据事先准备的应急预案进行反应，这样的方式不够

[1] 李明云. 食品安全事件的应急管理机制研究［D］. 南京：南京航空航天大学，2014.

[2] 王薇. 动物疫情公共危机政府防控能力建设研究［D］. 长沙：湖南农业大学，2015.

[3] 余政祥. 论重大食品安全事故的前馈控制［D］. 重庆：西南政法大学，2010.

[4] 陈锋，孙哲丰，陆颖，等. 食品药品安全应急管理信息平台初步研究［J］. 中国药事，2016，30（9）：851–857.

精确，对信息收集的把握程度也并不够深入。[1]在高校危机信息采集方面，可以通过横向和纵向的部门渠道来监测学校的安全事件应急信息，横向包括学校的各个职能部门，纵向是指从各院系的学生管理部门，具体到年级、班级、宿舍。[2]

第三节 应急信息采集模式

一、自然灾害应急信息采集模式

梁生雄等基于云服务的理念，在水资源管理系统的基础上，通过搭建移动应用中间件，实现移动终端设备的移植，提出水资源智能 App 构建模式，对水资源信息进行监测预警。[3]

刘禹鑫等设计了应急救灾地理信息采集平台，其由移动端和Web端构成，突破了传统采集方式过于专业性的限制，可快速便捷地完成室内采集、室外核查的一体化。[4]

在信息的组织利用方面，可以将采集到的数据信息按照一定的主题进行关联并组织，变成应对突发危机事件的知识。陈兴华基于应急地理信息的相关技术标准和规范，构建了应急地理信息知识库，并利用网络资源抓取、语义搜索、地名地址匹配、空间分析等技术，实现了在线网络资源的搜索与提取。[5]

---

❶ 黄宏纯. 突发事件应急管理机制研究——基于地缘政治格局变迁[J]. 人民论坛，2016（1）：59-61.

❷ 江海宁. 试论高校危机管理信息系统的构建[J]. 商业文化（下半月），2011（11）：220-221.

❸ 梁生雄，冶运涛，王鲁江. 基于云计算的水资源智能App系统研究[J]. 水利信息化，2017（2）：5-11.

❹ 刘禹鑫，朱建伟，周源，等. 基于“天地图 · 黑龙江”应急救灾地理信息采集平台的设计与实现[J]. 测绘与空间地理信息，2017，40（6）：21-23.

❺ 陈兴华. 基于语义挖掘的应急空间信息采集技术[J]. 地理空间信息，2016（9）：6，7，46，47.

二、事故灾难应急信息采集模式

在旅游应急信息采集方面，可利用基于RFID的旅游应急动态预测调度系统，其主要由应急服务指挥中心、游客动态监控管理平台、游客移动访问端、多个实时数据采集点、无线通信传输模块组成。针对旅游应急信息服务方面，可以利用RFID技术为景区管理人员提供旅游人员实时的动态信息，在突发事件发生时可以有效、及时地发现游客的准确位置，根据应急预案为游客提供应急服务。❶

在道路安全事件方面，可以采取分阶段、分层次的交通信息采集点布局模式，对信息采集点实施三级阶段性布局，在总体布局的基础上应用多目标优化模型实现信息采集点布局的动态调整。收集到的交通检测数据，作为现有突发事件信息的补充，也可为将来的突发事件自动检测奠定基础。

三、公共卫生事件应急信息采集模式

在食品安全方面，可以建立食品安全警情监测系统，以权威的能够主导全国食品安全监测的单位为核心，组织和协调全国各部门相关单位，形成网络，制定统一规划，对以化学物为主的食品污染和以生物性污染及食物中毒为主的食源性疾病进行全面、系统、持续的监测。❷

在医疗卫生方面，可建立卫生应急现场处置和信息采集系统，由PDA（掌上电脑）作为信息采集终端，以B/S架构的云端服务器作为指挥调度后台系统。PDA采集终端由应急人员随身携带，可以通过浏览器实现现场调查数据采集和传输、导航定位、通信联络等功能。❸还可以建立应急救援资源数据库平台，以便迅速地从数据库中检索、调用突发事件发生地的基础信息、医学地理信息、医学卫生资源信息、重大疫情信息等原始资料，完成伤病员信息、医疗救治情况、医疗物品消耗跟踪、药材供应信息等多种信息采集处理。

---

❶ 卢涵宇. 高海拔地区旅游应急信息服务研究[D]. 成都：成都理工大学，2012.

❷ 余政祥. 论重大食品安全事故的前馈控制[D]. 重庆：西南政法大学，2010.

❸ 张天琛，胡国良，袁辉，等. 浅谈PDA在卫生应急现场信息采集中的应用[J]. 中国医学装备，2014，11（S1）：39-40.

在公共卫生媒体监测方面，可以利用搜索引擎开展相关关键词的新闻搜索，利用RSS网络技术将新闻条引入系统中，并自动分类发布，可以短时间内从大量媒体中抓取到公共卫生危机信息，作为公共卫生信息监测和聚合的工具。❶

在收集制度方面，可以建立起定期信息收集制度，加强对周边国家和地区突发公共卫生事件信息的收集。边境县级医疗卫生机构、乡镇卫生院、村卫生室要建立起境外就医者医疗信息登记制度，发现可疑信息及时报告出入境检验检疫机构，同时医疗卫生机构应组织核实、调查，还应建立境外就医者信息分析制度，及时分析境外就医患者的医疗卫生信息。

四、社会安全事件应急信息采集模式

对突发社会安全事件，陈怡提出要建立应急云管理模式，将应急资源整合到统一的虚拟网络架构中，实现信息互通，保证应急资源在不同部门或平台的配置。❷

建立基于大安全观视角下的应急管理机制，同时要与国家安全危机处理机制资源共享，可以考虑构建基于依申请公开的层级信息共享机制，使得应急监测信息的获取更为快速、及时、有效。刘宏杰提出建立应急信息的主动监测与收集体系，包括政府应急协调系统、驻军安全信息系统、国家安全系统、公安系统、新闻媒体信息系统。❸

❶ 袁俊，王鸣，郝爱华. 公共卫生危机信息媒体监测平台的建立与运用[J]. 疾病监测，2009（8）：559-562.

❷ 陈怡. 突发社会安全事件应急云管理模式应用优化研究[D]. 成都：电子科技大学，2016.

❸ 刘宏杰. 边疆民族地区突发事件应急机制研究[D]. 北京：中央民族大学，2010.

第四节 应急信息采集技术

一、3S 技术

3S技术，即遥感技术（RS）、地理信息系统（GIS）、全球定位系统（GPS）。3S技术已经广泛应用于各类公共危机事件信息采集中。

1. 3S技术应用于自然灾害的应急信息采集

3S技术应用于输电线路地质灾害预警监测，首先对大量输电线路区域的灾害进行实地普查，在此基础上对重点部位进行遥感数据及空间 GIS 数据信息的提取，利用 GIS 特有的空间分析功能，结合遥感地质解译分析资料，在地质灾害监测系统中进行分析，反映地质灾害的分布特征；用 GPS 测量机雷达数据监测滑坡活动可能达到的程度；在高压输电线路上利用遥感图像进行滑坡、泥石流等信息的采集，对地质灾害的监测评估预警及应急救灾发挥重要作用。[1]

2. 3S技术应用于事故灾难的应急信息采集

在城市道路交通安全应急中，3S技术可以协助人们快速采集数据、合理管理数据、清晰展示分析结果，协助管理人员做出最佳决策。GPS技术可以准确定位事故发生的地点，并输入应急管理系统；RS技术可以采集到现场图像；GIS技术可以帮助救援人员进行急救路线的选择等。[2]

二、物联网技术

物联网技术是通过射频识别、红外感应器、全球定位系统、激光扫描器等信息传感设备，按约定的协议，将任何物品与互联网相连接，进行信息交

---

[1] 刘常青，伊万娟，祁永辉，等. “3S”在青海输电线路地质灾害中的综合应用前景[J]. 电力勘测设计，2015（S1）：88-92.

[2] 冯铁男，吴恒璟，姜成华. 3S技术在城市道路交通安全预防和应急中的应用[J]. 中国公共安全（学术版），2013（4）：34-38.

换和通信，以实现智能化识别、定位、追踪、监控和管理的一种网络技术。

1. 物联网技术应用于自然灾害的应急信息采集

运用物联网技术可以建设地质灾害监测物联平台，通过监测设备的接入和质量管理、数据实时采集和海量存储、模型仿真演算，实现地质灾害状态的全面精确感知和智能化分析。还可以建设基于物联网的灾害信息监测系统，感知层由各类气体传感器、摄像机、气象仪、RFID标签、GPS等组成；由无线和有线网络构成数据传输层，对监控数据进行可靠传输；应用层完成监测信息的存储和数据分析。[1]

2. 物联网技术应用于事故灾难的应急信息采集

档案馆在突发事件发生后，可以利用射频识别技术帮助救援人员快速采集档案相关信息，定位档案实体位置，提高档案抢救效率。[2]

三、无线通信技术

针对可靠性要求较高或者布线相对便利的采集终端，可以采用有线传输方式；针对现场布线困难、远距离传输、移动监测、无人值守或者不宜采用有线数据传输的应用环境，可以选用无线传输方式。[3]高海拔景区旅游信息服务通常采用无线通信技术。

四、PDA 技术

PDA集上网、定位、摄影、录音、存储功能于一身，是应急信息采集系统的终端，可以有效地改善传统应急信息调查采集的诸多弊端，达到实时性、共享性、多样性等突破。

五、组件知识图技术

在应急信息的组织集成阶段，组件知识图技术被广泛利用。可以将应急管理过程中的算法、模型组件化，并建立组件库，通过组件搭建的方式来

---

[1] 汤祥州，翁锦榕，郑绵彬. 基于物联网的化工园区应急管理系统[J]. 电子技术与软件工程，2015（24）：48-50.

[2] 谢宗艳. 档案水灾应急管理运行机制研究[D]. 湘潭：湘潭大学，2015.

[3] 陈珑凯. 基于物联网的化工园区事故态势感知研究[D]. 广州：华南理工大学，2015.

构建应用系统，再通过知识图描述灾害事件、主题、业务逻辑和应用流程，关联主题相关的这种信息、数据和知识，组织业务应用，形成主题应用知识图。[1]

六、话题检测与跟踪技术

话题检测与跟踪技术是近年来提出的一项信息处理技术，旨在帮助人们应对日益严重的互联网信息爆炸问题，以新闻专线、广播、电视等媒体信息流为处理对象，将语言形式的信息流分割为不同的新闻报道，进行新话题的自动检测和已知话题的持续跟踪，并将涉及某个话题的报道组织起来以某种方式呈现给用户。

随着元搜索引擎技术发展的日趋成熟，其应用范围也日益广泛，沙勇忠构建了基于元搜索引擎的危机信息监测系统体系结构框架[2]。

第五节　案例分析

2019年8月6日，中国应急网的全国灾害风险综合监测指出“利奇马”台风将登陆我国浙闽，引发洪涝灾害风险。7日，它被中央气象台升格为超强台风，并继续向西北方向移动，向浙江沿海靠近。“利奇马”台风成为2019年登陆我国的最强台风。截至2019年8月14日，“利奇马”共造成我国1 402.4万人受灾，56人死亡，14人失踪，直接经济损失515.3亿元。[3]由此可以看出突发事件应急管理极大地关乎国民经济，自然灾害应急信息采集的重要性不言而喻。本节分析我国政府进行“利奇马”台风应急信息采集这一案例。应急信息采集主体主要包括中华人民共和国应急管理部、国家与各地灾

[1] 梁骥超. 应对水土流失事件的过程化模式研究［D］. 西安：西安理工大学，2018.

[2] 沙勇忠，徐瑞霞. 基于元搜索引擎的危机信息监测系统［J］. 情报科学，2009，27（10）：1441-1447.

[3] 国家气候中心. “利奇马”风雨综合强度为1961年以来最大，已致56人死亡［EB/OL］.（2019-08-14）［2019-10-28］http：//news.weather.com.cn/2019/08/3228731.shtml.

害监测机构。应急信息采集对象是“利奇马”台风，包括台风的位置、大小、强度、动向、云雨分布的情况。

在现代各种信息监测技术高度发展之前的很长一段时间，人们对于台风到来的监测还停留在通过海吼、长浪、断虹、海鸟着落等十分落后的监测方法。早在“利奇马”登陆前两天，2019年8月8日上午10时，国家防总副总指挥、应急管理部党组书记黄明召开国家防总视频会议，会商研判台风发展态势及其可能带来的影响，了解台风防御工作准备情况，同时部署下一步防台风工作。之所以能够进行提前部署，极大地减小损失，得益于现代灾害监测技术的发展。各级气象监测部门能够利用探空气球、气象雷达、气象卫星等进行监测，并进行卫星云图分析，大大提高了应急信息采集的准确程度。

探空气球可以测量高空各层气压、气温、湿度、风向及风速，侦知高空各种气象情形，并能自动发出无线电报。利用气象雷达可以判断台风的位置、动向、云雨分布的情况。雷达根据发出的无线电脉冲被台风云雨滴反射回来的强度可以测量台风的强度，其探测距离一般可以达到400千米。我国沿海已建成从南到北的雷达台风警戒网。气象卫星实质上是一个高悬在太空的自动化高级气象站，是航天、遥感、计算机、通信技术结合的产物，它所携带的仪器可以对台风的位置、大小、强度、移动情况进行准确高效的检测。而卫星云图分析主要是分析台风的强度。

正是因为应急信息采集的及时、准确，人类才可以跑在台风之前开展防汛防台风工作，提前部署消防救援力量。

第五章　应急信息分析

第一节　常用应急信息分析方法

应急信息分析主要是按照一定的分析模式，运用一定的分析方法，对经过整序加工后的应急信息素材进行评价、分析、综合、关联和预测，并将信息转化为情报知识。只有通过科学的分析，才能形成有价值的知识或信息产品，才能有效地支持危机决策。其中应急信息分析方法是应急信息分析的基础，确立科学合理的方法，才能在分析工作上事半功倍，得到准确的分析结果。

一、方法来源

应急信息分析是高度集成的，与自然科学、决策科学、管理科学、社会科学、系统工程等多学科相互联系与交叉。这一集成特征决定了信息分析几乎没有自己专用的研究方法，所采用的方法大多是从相关学科的研究方法当中借鉴过来的。[1]应急信息分析方法的一个显著特点是综合性，它是在综合吸收其他许多学科和领域的相关方法的基础上发展起来的，逐步形成了应急信息分析某些基本的、常用的方法。这种综合主要体现在以下的6个来源上。[2]

1. 逻辑学方法

应急信息分析的一般思维方法离不开逻辑的基本领域。逻辑的具体应用

---

[1] 崔鲜云. 信息决策中的信息分析方法[J]. 华东科技（学术版），2014（3）：421–422.

[2] 丁建琴. 信息分析方法体系的构建[J]. 情报探索，2011（7）：30–32.

是广泛的，它为一般方法层面的应急信息分析方法提供了来源和依据，导致了应急信息分析中出现逆向思维方法和综合比较法。例如，比较与分类、归纳与演绎、联想与反驳、分解与综合等都依赖于逻辑工具。

2. 系统分析方法

系统分析方法是主导和指导整个应急信息分析过程的方法。特别是在分析复杂事件时，系统分析方法的贡献更大。在应急信息分析中，框架的构建、结论的整合、信息的筛选都离不开系统分析方法。如环境扫描法、关联树法等，都是系统分析方法在应急信息分析方法中的具体体现。[1]

3. 图书情报学方法

进行信息检索和信息分析时，图书情报学方法是基本的和主要的方法，包括目录学方法、检索方法、文献计量学方法、数据综合加工方法等多种方法。[2]这些方法在信息的收集、整理、比较和分析中是必不可少的。特别是内容分析方法在应急信息分析中得到了广泛的关注，已发展成为一种独特而有效的应急信息分析方法。

4. 社会学方法

社会调查的两个关键是“研究假设”和“社会度量”。研究假设是定性分析的决定性步骤，它可以形成一个理论或概念框架；社会度量可以理解为经验层面上模糊概念从抽象层面向操作变量的转化，并被度量，这在应急信息分析中是常见的。社会学可以为应急信息分析提供一些较为成熟的搜集应急信息的方法，并且能够有效地分析事物之间的关系，是理解事件本质的有效手段。社会学中的社会调查方法有着悠久的历史，是社会学与应急信息分析最相关的领域，是情报研究的主要方法来源。

5. 统计学方法

应急信息分析中多因素关系的定量研究主要依靠统计方法。相关分析、回归分析、聚类分析、模型建立等具体方法大多来源于统计，主要是数理统计。应急信息分析的量化趋势和数学的运用，在很大程度上是指统计方

---

[1] 季晟. 物流中信息流的分析与处理[D]. 大连：大连海事大学，2000.

[2] 张蓉. 信息分析技术在图书馆中的应用与发展策略[J]. 统计与管理，2016（7）：160–162.

法的应用。因此，统计方法是应急信息分析定量分析方法的基础和最重要的来源。

6. 未来学（预测学）方法

应急管理和决策服务的预测在应急信息分析中非常受重视，预测分析在应急信息分析中占有突出地位。因此，应急信息分析方法的重要来源和必要组成部分自然是未来学创造和发展的许多预测方法。其中应急信息分析广泛运用趋势外推法和德尔菲法。

二、方法分类

任何研究方法的分类，最普通的不外乎是定性研究方法、定量研究方法以及定性和定量相结合的研究方法三大类。应急信息分析方法的分类也不例外。

1. 定性研究方法

获得关于研究对象的质的规定性方法就是定性研究方法，包括定性的类比、分类、分析、比较和归纳、演绎和综合等方法，主要是相关与对比、归纳与演绎、分析与综合等各种逻辑学方法。[1]那些不需要或不可能应用定量研究方法进行分析研究的应急信息，一般就会选择定性研究方法。定性研究方法中常用于应急信息分析工作的方法有以下几种。

（1）综合法：与事件有关的各种来源和内容的信息，为特定的目的而收集在一起，形成一个完整的、系统的信息集合。

（2）对比法：对比两种或两种以上相似事物的相同点和不同点或优缺点的方法。

（3）相关法：利用事物之间的内在或现象学关系，从关于一个或几个已知事物的信息中判断未知事物的一种方法。

（4）因果法：基于事物之间的内在因果关系，运用所拥有的信息，从原因中得出结果，或从结果得到原因的方法。

---

❶ 崔鲜云. 信息决策中的信息分析方法[J]. 华东科技（学术版），2014（3）：421–422.

2. 定量研究方法

获取研究对象的量的特征的方法就是定量研究方法。一切事物都是质与量的统一体，质是由量体现的，所以掌握了事物的各种数量关系，就能认识事物的本质与规律。应急信息分析只有成功地应用数学方法才能实现。事实证明，定量分析方法在社会科学研究中的应用取得前所未有的成果，在此背景下产生应急信息分析的定量研究方法。定量研究方法中常用于应急信息分析工作的方法有以下几种：插值法、回归法、预测分析法和系统分析法。[1]

3. 定性和定量相结合的研究方法

在应急信息分析中，政府和企业是应急信息分析的主要服务对象，决策研究决定了应急信息分析的主流方向。定性研究方法是应急信息分析的基础，定量研究方法是应急信息分析的要求。定性分析与定量分析相结合可以改变单一的研究方法的局限性，以满足决策和预测的需求。定性分析的终点往往是定量分析的起点，定量分析是定性分析的精准过程。通过定性与定量相结合，使应急信息分析方法更符合实际需要，结论更准确可靠。

在应急信息分析中，可以根据具体情况的需要，将应急信息分析的定性和定量方法相结合。有时，由于事件的复杂性，可能会结合多种方法进行应急信息分析。应急信息分析本身缺乏独特的方法，它吸收、移植、借鉴和融合了其他学科的方法，但它不是一种生硬的照搬。为了拥有自己的独有特征，我们研究已有方法的具体应用形式，并将它们与应急信息分析相结合，然后创新并逐步发展自己的方法体系。科学技术的发展促进了学科间的交叉渗透，促进了应急信息分析方法朝着多元化、科学化的方向发展。

第二节　风险信息分析

一、风险的含义

一般认为，风险是指某一事件的实际或预期情况（即实际或预期价值）

[1] 丁建琴. 信息分析方法体系的构建[J]. 情报探索，2011（7）：30-32.

发生偏离而造成的一种损失。这种损失有时表现为实际价值的绝对减少，有时表现为机会的相对减少或丧失。而这种偏差或差异的发生是不确定的，即以一定的概率随机发生，而不是事先准确预测的。[1]

由于对风险研究的不同观点和对风险的不同理解，不同学者对风险有不同的解释。总而言之，有以下三种观点[2]：

（1）风险是未来某种损失的不确定性；

（2）风险是指可能发生损失的大小；

（3）风险是风险因子相互作用的结果。

综上所述，风险一词包括了两方面的内涵。首先，风险意味着未达到预期目标值，或会造成一些损失；其次，这种损失的发生是一种随机和不确定的现象。它可以用概率表明发生的可能性，而不能对发生与否做出一定的判断。

二、风险信息分析方法

风险信息分析是对不同强度危害的可能性和可能后果进行分析和评估。分析灾害发生的概率，即不同强度灾害发生的概率，并对可能产生的后果进行评估。主要包括暴露因素分析、危害因素分析、灾害曲线建立、脆弱性分析和风险建模。

早期的风险信息分析是伴随着技术发展和工业进步带来的事故率剧增而发展起来的，多是针对生产事故的关键薄弱环节和因果关系，目的在于减少事故的发生。风险信息分析方法也基于定性和定量分析方法。定性分析是通过调查和研究风险做出逻辑判断的过程。通常，它会给出说明性的风险程度，如很严重、较严重、一般等，有时也配合给出防范措施建议。定量分析方法一般基于突发事件演化规律和系统论方法，运用统计和概率等数学工具计算出风险，计算结果一般给出具体的风险值，一定的风险值反映一定程度的风险，或给出可能的人员伤亡数量、经济财产损失量等。

---

[1] 侯雷. 对城市内涝灾害应急管理的反思及建议［J］. 行政与法，2015（1）：5-9.

[2] 刘奕，翁文国，范维澄. 城市安全与应急管理［M］. 北京：中国城市出版社，2012：69，70.

随着人们对风险认识的深入，人们逐渐认识到不能仅考虑某一方面或几方面的因素，必须全面地从整体角度考虑问题。因此风险信息的分析往往结合了多种定量和定性分析方法，逐渐向综合评估方法发展，并更加关注定量分析方法。综合风险信息分析方法一般有以下两大类。

（一）基于突发事件演化规律和后果分析的评估方法

一般通过模拟计算的手段预测突发事件可能影响的时空范围，分析该时空范围内可能受到影响的人、物等及其影响程度，从而进行风险信息分析。如火灾、爆炸、危化品泄漏的定量风险信息分析即利用动力学模型，根据相关公式计算风险，并考虑各种风险抵消因子，从而得出总的风险值。

此类方法的分析过程，就是通过对可能发生的突发事件的演化过程的模拟，分析其可能影响的范围和程度，考察该影响范围内人的生命所面临的风险、可能的经济损失、环境破坏以及应急救援的风险补偿作用，从而计算总的风险值，其中每个阶段都有一定的不确定性分析，具体步骤如下。

（1）根据潜在风险源的分析确定风险源可能发生的突发事件类型及其发生概率。

（2）根据可能发生的突发事件类型，采用相应事件预测模型来预测城市各个区域可能的危险剂量（泥石流堆积厚度、危化品泄漏的毒气浓度、火灾的热辐射强度、爆炸的冲击波压力等）。

（3）通过风险值的数学模型由危险剂量计算出风险值（个人风险、社会风险等）。

（二）基于指标体系的评估方法

一般情况下，通过对各种影响因素的深入分析，建立多层次的评价指标体系和相应的权重，运用专家分析或数学分析方法对风险信息进行分析。常用的基于指标的风险信息评估方法有模糊综合评估法、层次分析法、灰色综合评估法等。[1]

[1] 张继权，李宁. 主要气象灾害风险评价与管理的数量化方法及其应用[M]. 北京：北京师范大学出版社，2007：150，160.

1. 基于指标体系的评估方法的一般要素

（1）评估指标。对基于指标体系的评估方法，指标是评价的依据。由于影响风险的因素往往非常多且复杂，通常需要建立一套指标体系，从整体上反映风险。每个指标都从不同的侧面刻画影响风险的某种特性。

（2）权重系数。权重系数是表示某一指标项在指标系统中的重要程度。它表示在其他指标不变的情况下，这一指标的变化对结果的影响。在数学上，为了显示若干量数在总量中所具有的重要程度，分别给予不同的比例系数，这就是加权。评估指标的相对重要性不同，是因为风险信息的分析对象不同。评估指标的相对重要性可以通过权重系数来表示。每个系数对应于反映指示器总风险的影响的加权因子称为权重。评价结果是否合理取决于权重系数的可靠性。

（3）数学模型。对于既定的评价指标体系，有必要通过一定的数学方法（数学模型）将多个指标的评价值“整合”为一个评价值。可用于“综合”的数学方法很多，通常根据评估对象的特点和评估的需求选择适当的方法。

对于这样的方法，指标体系的好坏直接影响评价结果的合理性，指标体系的评价无疑是一个重要的依据。指标体系的建立一般应遵循以下原则[1]：①指标应尽量简练，能涵盖评估所需信息即可；②各个指标应该具有独立内涵，互不交叉，同一级别的指标之间不应存在因果关系；③指标要有代表性，要反映被评估对象的某一属性；④指标应具有可操作性。

2. 常用的基于指标的风险信息分析方法

（1）层次分析法。美国著名运筹学家Saaty T. L. 在1973年提出了分析层次过程（Analytical Hierarchy Process，AHP）。该方法的应用步骤如下：首先，根据所要解决的问题和目标，将复杂问题的因素分为相互关联和有序的层次，形成多层次的分析结构模型；其次，根据客观实际，定量表达每个因素在各个层次的相对重要性，构建判断矩阵；最后，通过求和、根、特征值

[1] 刘奕，翁文国，范维澄. 城市安全与应急管理［M］. 北京：中国城市出版社，2012：250，251.

或最小二乘等具体的数学方法确定各因素的相对权重，从而确定各元素相对重要性的顺序以及对上层的影响。

（2）模糊综合评估法。美国自动控制专家查德（Chad）在1965年提出模糊集的概念，并引入隶属函数来描述差异的转换。作为数学的一个新分支，由于现实中存在很多模糊因素，模糊数学具有很强的生命力和渗透力。对各种风险的分析评价存在很多模糊因素，这个时候利用模糊评价法可以提高风险信息分析结果的可靠性和科学性。模糊逻辑风险信息分析方法的应用可分为以下4个步骤。

第一，建立各指标的模糊隶属度函数。一般把指标隶属度函数表示为$A=[\chi|\mu A(\chi)]$，其中A是风险指标的等级集合。例如，风险发生概率可以用很大、大、中、低、很低5个等级来描述，每一个等级对应一个隶属度函数。χ是指标的取值，$\mu A(\chi)$是χ对应的模糊隶属度。

第二，风险信息分析师和相关专家将风险程度函数与文本语言估计结果相对应，并将其转换为数字描述。

第三，结合各种风险因素，根据模糊关系的运作规则，用模糊逻辑数描述总风险程度。

第四，将结果与隶属度函数进行比较，并重新翻译成文本语言进行风险描述。

（3）灰色综合评估法。包含一些已知和未知信息的系统称为灰色系统。灰色系统理论是进行灰色系统分析、建模、预测和控制的理论，它将控制论扩展到复杂系统，将自动控制与运筹学的数学方法结合起来，并以灰色方式研究客观世界中的常见问题。灰色系统理论研究不良信息建模，并提供一种解决不良信息下的系统问题方法。

风险信息通常不完全清晰。因此，灰色系统理论可以应用于风险信息分析。灰色系统理论通过以下步骤来解决风险问题：第一，分别通过累加生成方法和累减生成方法处理原始数据；第二，根据生成的数字构建灰色模型；第三，使用残差检验、后验差检验和关联度检验来检验模型的准确性；第四，当精度满足要求时，该模型可用于风险信息分析。

第三节　舆情信息分析

一、舆情的含义

舆情是人们在不同的历史时期和特定的社会空间中，为公共事务或与自身利益相关的个人事务，通过各种类型的传播载体，表达的群体情感、意愿、态度和意见的总和，既包括公开的言论或行为，也包括不为人知的情感。所以，舆情包括了公开和不公开的部分，即只要是民众所想的，不管是否已经表达出来，都是舆情。[1]

二、舆情信息分析

在整个舆情应急工作中，舆情信息的分析机制占有重要地位。舆情信息分析的重要性可以归纳为六个字，即“识其性、明其策”。作为舆情信息工作者，在舆情信息的分析中，应运用科学的分析方法，探究信息的深层含义，并提出合理的预测和决策建议。常用的分析方法可归纳为三类：定量分析、定性分析和定量及定性相结合。定量分析应用于舆情信息分析领域，旨在从宏观层面把握舆论发展的大局。定性分析有助于我们通过现象看本质，揭示舆论的基本特征和内在规律。

（一）定量分析

舆情信息的定量分析是对社会现象信息的数量特征、数量关系和数量变化的分析。它的功能是揭示和描述社会现象的相互作用和发展趋势。定量分析不仅强调观察实验和经验数据的收集，还强调逻辑思维的演绎推理。定量分析运用到舆情信息分析领域，往往采用数据描述、图表统计、建立相关数据库以及数据可视化等方式，对舆情的特征和变化展开分析。定量分析的结

[1] 林爱珺. 舆情信息工作指南［M］. 北京：经济日报出版社，2016：55-60.

果常用图表展示，应用较为广泛的有以下几类。

1. 媒体关注度分析

此类定量分析以媒体报道中与事件相关的新闻为对象，统计事件被新闻媒体曝光的次数，并以可视化的柱状图、折线图等加以展现，旨在体现统计时间范围内，新闻媒体对该事件的关注程度及其变化趋势。统计图表可通过相关舆情软件获得，也可以通过人民网舆情监测室的中文报刊监测系统得到，只需在搜索框输入关键词以及统计时间范围，即可在短时间内获得相关事件的媒体关注度分析。

2. 微博关注度分析

此类定量分析以新浪微博或者腾讯微博中与事件相关的博文、评论为对象，统计该事件被网友谈论的次数，并以折线图、柱状图等可视化方式加以展现，旨在体现统计时间范围内民间舆论场对该事件的关注程度。统计图表可以通过相关舆情软件获得，也可以通过新浪微指标系统获得。微指数是新浪微博的数据分析工具。热词索引可以查看微博上的热词，了解热门人物的区域分布。热门词汇索引是基于对微博关键词的热烈讨论，并对这些词汇进行统计，科学分析和计算长期热点讨论趋势，以图表形式呈现（一般是曲线）；热议度是根据提到的关键词频率，考虑到反垃圾邮件机制和舆论后，综合而成的数据。

3. 网民情绪态度分析

通过抓取一定时间段内，网民对某事件发表的博文及评论，对其中相同的观点进行分类整理，得出网民对该事件的普遍态度，以预测舆情发展的基本态势。网民情绪态度基本上可以分为以下两类：积极情绪和消极情绪。一种网民情绪态度分析以统计图表形式呈现，统计图表一般笼统概括，旨在直观地展现当前网民态度的总体倾向，而不注重网民的具体观点。另一种网民情绪态度分析就相对具体，通过对网民观点进行语义分析，提炼出频度较高的几个观点，不仅可以体现网民的态度，还可以知道网民的具体想法，点面结合。

（二）定性分析

定性分析就是确定研究对象的性质。具体地说，就是运用综合、归纳、演绎、抽象、分析、概括的方法，对所获得的各种信息进行处理，去伪存真，以达到理解事物的本质，揭示事物的规律的目的。舆情应急信息分析就是要善于挖掘舆情应急事件与其相关事件之间的联系，通过这其中的联系找到问题的根源所在。

1. 找出事件的内在联系

事件都是普遍联系的，世界上的一切事件都与周围其他事件有着这样或那样的联系。联系具有普遍性和客观性，只有正确把握事件之间的联系，才能发现事件变化发展的规律性，寻找到现象背后的深层次原因。这种对事件间联系信息的分析，可以深入事件或问题的本质，找出问题的根源，并给出合理可行的建议，是一种由表及里的分析思路。

2. 抓住事件的主要矛盾

复杂的事件本身包含着多种矛盾，不同的矛盾对事件发展所起的作用是不同的，有主次、重要非重要之分。在诸多矛盾中，必有一种矛盾对事件的发展起决定性作用，处于支配地位，这种矛盾就是主要矛盾。正是由于矛盾有主次之分，解决问题的时候也要分清主次，集中力量解决主要矛盾。在分析舆论信息时，应找出引导事件发展的主要原因，集中精力解决主要问题。

3. 提出切实可行的建议

对舆情信息进行深度分析，找出问题的实质，这只是第一步。在发现问题的基础上，还要进一步针对问题提出合理的对策及建议，才是完整的舆情信息分析。这里的对策及建议包括两个方面：一方面是具体问题的解决方案，另一方面是应急舆情的应对策略。

（三）定量与定性相结合

定量分析通常强调数据的客观性和可观察性，现象与变量之间的因果关系和相互关系，并要求研究人员努力在研究中实现客观性和伦理中立性。定性分析更注重事物的内在规律和本质，是一种建立在客观数据基础上的感性认识。定量分析的结果往往比较粗浅，仅限于对事物的表层认识，而定性分析相对比较深入，可以达到事物的本质。但离开了定量的定性分析，就会有可能出现主观化倾向，对事物的把握有时失于概念化、粗线条、大而化之。

所以在舆情信息的分析中应恰当地将定量和定性结合起来，提升言论的说服力。

在舆情应急信息分析中，分析人员可以将政府官网的信息标题列成表格，或通过分析软件进行内容分析，了解政府对舆情的公开发言。通过对微博民众发言进行统计，分析民众关心的问题，与政府发布的信息进行对比，可以分析信息公开的充分程度以及宣传程度。科学地运用定量分析和定性分析的方法，并进行合理结合，不仅有助于我们从宏观上把握舆论发展的大局，而且有助于我们从现象中看到本质，揭示舆情的基本特征和内在规律，从而得到科学的应急舆情解决方法。

第四节 案例分析

一、森林火灾的综合风险信息分析

该案例根据某一城市的森林火灾的形成机制，分别从突发事件危险性、承灾载体脆弱性、防灾应急能力和次生灾害四个方面对该市森林火灾的风险进行识别和分析。其中危险性综合评估指标包括海拔高程、植被类型、温度分布、森林坡度、相对湿度分布和风力分布。脆弱性综合评估指标包括人口密度分布和森林资源价值。防灾应急能力综合评估指标包括专业森林消防队的缓冲区、森林防火瞭望塔的缓冲区和直升机灭火取水点的缓冲区。次生灾害综合评估指标包括林区周边居民区分布、林区周边空气状况、林区周边水源取水点分布、林区周边易燃易爆危险源分布和林区周边珍贵物种分布。[1]

根据该市森林火灾的具体情况，对以上评价指标进行分级，然后按照它们与森林火灾的风险的关系采用灰色关联度法和层次分析法对各个评价指标进行定量化处理，包括脆弱性、危险性和防灾应急能力指标的属性值以及相

[1] 刘奕，翁文国，范维澄. 城市安全与应急管理［M］. 北京：中国城市出版社，2012：68–78.

关历史数据，确定权重。根据确定的量化标准和权重，进行加权求和，可以得到该市的危险性、脆弱性、防灾应急能力、次生灾害以及综合风险指数。

对应危险性的各个指标，可以制定出植被高程图、坡向图、分布图、坡度图、相对湿度图、气温分布图、风力分布图等。根据这些指标的值和相应的权重，可以确定危险性综合评估图。

依据对应脆弱性的各个指标，可以制定出人口分布图、森林资源分布图等。根据这些指标的值和相应的权重，可以确定脆弱性综合评估图。

依据对应防灾应急能力的各个指标，可以制定出专业森林防火瞭望塔缓冲区图、森林消防队缓冲区图、直升机取水点缓冲区图等。根据这些指标的值和相应的权重，可以确定防灾应急能力综合评估图。

次生灾害指标主要涉及森林火灾发生后可能产生的次生灾害，如空气污染、水质污染、易燃易爆危险源、生物灾害等。在此模块中经常采取文本和图相结合的形式进行展现，如空气污染和生物灾害在历史案例的基础上，用显示文本框的形式以说明森林火灾可能造成的空气污染和生物灾害情况，而水质污染和易燃易爆危险源用图的形式展现该市水域和易燃易爆危险源分布情况。

根据上述的危险性指标、脆弱性指标、防灾应急能力指标和次生灾害指标，以及基于历史案例数据和各个指标的属性值采取灰色关联度法和层次分析法计算出的权重，即可确定综合风险信息分析值。

为了显示典型突发事件风险在各个行政区域的区别，使决策者对本地风险有所掌握，根据该市实际情况，行政区域综合风险信息分析模块分为区县级别和街道级别的风险信息分析，这样可以分别展现区县级别和街道级别的危险性评估、脆弱性评估、防灾应急能力评估和综合风险信息分析，更精确和准确地对不同地区的森林火灾风险进行分析和预测。

二、雷某事件应急信息分析

（一）事件概况

2012年11月20日，某市某区区委书记雷某的不雅视频被发布到互联网上。11月21日，雷某回复说该视频是“假的”，然后爆料记者纪某向媒体宣布“还有一个更完整的视频”“这件事已经在网上流传，视频已经处理过了，因为原始视频太露骨，必须处理。但我保证发布的这部分视频是从最初的视频中截取的”。纪某告诉记者，21日晚他多次打电话给雷某，雷某在电话中说“视频被处理过，自己是被移花接木的，想和纪某交朋友”。

11月22日，曝光者继续在微博上发表五条评论，要求对原始视频进行司法鉴定，以确定雷某“视频被嫁接”的说法是否属实。权威的第三方司法鉴定机构在不雅视频中确定了“雷某嫌疑人”的语音频率、图像相关性和逐帧播放连续性。

11月23日，经某市纪委调查后，确认网上不雅视频中的男子确实是雷某。某市委决定撤销雷某该市某区区委书记职务并对案件进行调查，某市人民政府新闻办公室立即在其微博上公布了这一消息。该微博被网友转发超过3.3万次。与此同时，新浪微博发起了一场关于“雷某被免职”的微博讨论，一周内的参与人数超过88万人，讨论总数达到248万次。

从事件在互联网曝光到做出决定，某市委只用了不到3天的时间，效率之高，值得肯定。某市委在此次事件中表现出的速度和决心，很好地维护了政府的形象。

（二）舆情信息分析

以博客、微博和权威媒体的发文和讨论为舆情信息来源，对“雷某”的话题和关键词进行搜索和整理，进行舆情分析。在这起事件中，网民似乎并不满足于单纯地网络反腐，“干女儿”“相由心生”“雷某语录”等花边新闻层出不穷。

此外，网友还对雷某的相貌和语录做了讨论。有网友将雷某的名字解读为“雷人长相、政府官员、富得流油”。这种声音的出现可以理解为公众对违法官员的仇恨，意在从各个方面否定他，一系列“相由心生”的言论成了这种观点的基础。

11月27日，记者纪某在网易博客上发表博文《高调反腐：某市不雅视频事件曝光背后》，点击量达69万。在文章中，他详细描述了曝光雷某的整个过程，并得到了网友的关注。雷某被解职后，纪某并没有得到舆论的一致好评。有舆论认为，他高调反腐其实是在炒作自己。而更深层次的媒体人在角色定位上的作用，已成为事件平息后舆论讨论和关注的焦点。

《中国青年报》发表了一篇文章《“秒杀”雷某与媒体人的角色定位》，表示“让新闻尽可能回归事实，让媒体人返回记录者的角色而不是参与者”。在对曝光者作用的思考中，舆论不再仅仅是信息的跟随者，更重要的是，它一直在媒体的积极引导下发挥着信息制造者的作用。

雷某事件期间，舆情信息从爆料人的信息轰炸引起舆论持续关注，到民众和媒体舆论由盲目否定到客观评价，最后媒体能够不再盲从爆料信息，积极引导网络自净。其中功不可没的就是某市委处理应急事件的速度和决心，63小时查出事件真相，并通过微博公开消息，对当事官员进行处罚，赢得了民众的称赞，抑制了虚假消息的传播。

第六章　应急信息传播

应急信息对于公众做好减灾防灾具有基础性作用。关于应急信息概念的界定，国内学者有许多不同的解释。雷志梅等认为应急信息是指突发公共事件应急管理过程中应急主体所需的相关信息内容及信息资源的集合和统称[1]；袁宏永等认为应急信息是指与突发公共事件应急有关的所有数据，包括预案信息、空间环境信息、应急资源信息、现场情况信息、案例信息等[2]；笔者在《基于公众可理解的应急信息传播策略研究》一文中认为，广义上的应急信息是指面对危机时所收集的所有与事件相关的信息、为应对该事件所采取的措施方案以及相关启示。也就是说，应急信息包括三部分内容，即事前、事中、事后信息。[3]因此，本章从应急信息传播的角度，分别讲述事前信息传播（即预警信息传播）、事中信息传播（即应急处置信息传播）和事后信息传播（即应急恢复信息传播）。

第一节　预警信息传播

在山西省《预警信息发布工作规范》中，将预警信息定义为“发生或可

---

❶ 雷志梅，王延章，裘江南，等. 突发事件应急信息的多维度需求分析[J]. 情报科学，2014（12）：133–137.

❷ 袁宏永，苏国锋，李藐. 论应急文本预案、数字预案与智能方案[J]. 中国应急管理，2007（4）：20–23.

❸ 陈兰杰，谷紫藤，安琪，等. 基于公众可理解的应急信息传播策略研究[J]. 中国应急管理，2018（7）：46–47.

能发生，造成或可能造成严重社会危害，可以预警的自然灾害、事故灾难和公共卫生事件信息以及政府授权的社会安全事件信息”。

一、预警信息传播方式

（一）传统媒体和社交媒体在预警信息传播中的应用

预警信息的传播一般是依靠媒体进行的，然而，必须确保公众获得准确的预警信息。大众通常听到同样的预警信息三次才能够相信预警信息的准确性。[1]另外，媒体要对影响预警信息有效性的变量有相对深入的了解，第一是信息的来源，第二是信息本身的内容，第三是预警信息的格式，第四是预警信息传播媒体的属性，第五是社会响应。社会响应指的是在危险发生的时候，人们能否与社会其他团队做好配合。

为了充分地利用以微博为代表的网络新兴媒体的应急信息传播时效性强、精准度高和传播范围广泛等特点，以拓宽预警信息的发布渠道，在2015年，国家预警信息发布中心与百度、阿里巴巴等网络媒体分别签署了合作协议，以求在多方合作中扩大预警信息传播的覆盖范围。

2015年11月，支付宝首先开通了城市服务窗口，其具备城市预警推送、查询和订阅等功能，在同年12月北京发生的三次重度大气污染事件中，支付宝城市服务窗口及时发挥了作用，为将近3 200万公众在第一时间推送了相关预警信息，取得了良好的效果。

（二）预警信息发布体系建设

在我国，各个省份都力求扩大预警信息的覆盖和传播范围，以增强预警信息传播的有效性。

2006年，国务院办公厅明确提出要建设我国突发公共事件预警信息综合发布系统；5年后，国务院办公厅再次要求积极推进国家公共突发事件预警信息发布系统建设。

国家预警信息发布系统主要依据国家气象局现有的业务系统，建立以国

[1] WAUGH L. 传统媒体和社交媒体在应急信息传播中的应用——以美国实践为例[J]. 中国广播，2015（12）：10–11.

家—省—地市为核心的三级预警信息发布管理平台，实现预警信息“国家—省—市—县”四级传输，保障预警信息发布渠道的权威性、通畅性和有效性；建立以国家级网站为核心，预警信息反馈系统、短信平台以及社会公共资源为辅助的预警信息快速发布机制。该系统建成后能有效地发布有关自然灾害、公共卫生事件、社会安全事件、事故灾难四类突发公共事件的预警信息，使预警信息发布、处理、接收的覆盖率达到80%以上。

以“国家突发事件预警信息发布系统”为整体架构，各省、市着手建设带有本地区特征的预警信息发布系统，如广西壮族自治区已经走在前列，建立起了“自治区—市—县”为一体的预警信息发布体系。

二、预警信息传播流程

规范严谨的预警信息传播流程对于预警信息传播的质量具有重要的影响。根据信息传播原理，有以下四种传播流程。[1]

（1）事件发生的潜在危机→预警监测部门→政府部门→潜在危机应对与防范措施→网络及传媒部门→群众。

信息监测部门通过相应的技术手段监测危机发生的可能性，一旦监测到某危机即将发生，便将具体的信息发送到政府部门，政府部门根据事件的危险系数等制定相应的防范手段，然后通过网络及传媒部门将预警信息发布给群众。

（2）事件发生的潜在危机→政府部门→预警监测部门→政府部门→潜在危机防范与应对措施→网络及传媒部门→群众。

上述传播流程指的是政府部门作为管理者，可能会率先发现某些危险信息的端倪，之后再交由预警监测部门进行核实和确定，然后预警监测部门再将核实的信息反馈给政府，由政府制定相应的防范措施，通过网络及传媒部门将预警信息发布给群众。

（3）事件发生的潜在危机→网络及传媒部门→政府部门→预警监测部门→政府部门→网络及传媒部门→群众。

该传播流程是指有时网络及传媒部门会发现危机事件的潜在迹象，但是网络及传媒部门需要向政府进行汇报，然后由政府交由预警监测部门核实，

---

[1] 魏明坤，牛晓宏. 社会预警下信息传播的合法性研究[J]. 内蒙古科技与经济，2014（18）：68-70.

再按传播路径（2）进行预警信息的发布。

（4）事件发生的潜在危险→群众→政府部门→预警监测部门→政府部门→网络及媒体部门→群众。

在事件发生之后，有时群众是事件潜在危险的发现者，这时就应构建以群众为初始的传播流程，群众将预知的危害事件及时上报政府，政府将有关信息传递给预警监测部门以核实事件的准确性、危害性，并由监测部门给出相关处理建议，然后将检测结果以及相关处理建议反馈给政府，由政府制定相应的预防和解决措施，通过网络及媒体部门将预防和解决措施通知到群众。

三、预警信息传播常见问题

符威平和李剑莉认为，我国应急预警信息传播还存在如下问题[1]。

（1）预警信息内容不准确。部分预警信息发布方从非权威部门获取信息源，使得预警信息在内容方面存在较大的不同；部分预警信息发布方则是因为技术原因等导致预警信息发布更新频次不能满足公众的要求。

（2）预警信息传播不及时。部分预警信息发布方按照自定义时间进行更新，和相关部门预警信息发布时间相差较大，丧失了预警信号的功能和作用。

（3）预警信息发布时间不明确。发布时间应为国家预警信息权威部门发布的时间，而有些媒体将发布时间与更新时间混为一谈，有些媒体没有标注发布时间，或者发布时间被错误地标记为更新时间。

（4）预警信息不规范。一些预警信息的发布者只发布预警信号，当预警信息已经解除后不及时取消预警信号，也会给公众造成巨大的不便和干扰。

四、提升预警信息传播效果的路径

首先，预警信息发布部门应当按照有关法律、法规发布预警信息，气象部门和有关媒体应当严格遵守《气象法》和《气象预报发布与传播管理办法》的要求，保证信息来源、信息内容的一致性，信息传播的及时性和内容

[1] 符威平，李剑莉. 重庆地区气象预报预警信息传播质量调查浅析［J］. 科技传播，2018，10（18）：184–186.

的完整性；其次，预警信息管理部门应加大对自身以及社会媒体发布预警信息的监督力度和执法力度，改变原有的粗放型管理机制，形成有效的管理和指导，以进一步促进预警信息的标准化传播；最后，预警信息传播要以大众需求为出发点，发布公众易于理解和接受的预警信息。

第二节 应急处置信息传播

应急处置信息又称灾情响应信息，是为应对危机事件、处置危机所产生的灾害而投入的应急救援信息，分为应急指挥协调信息、人员投入信息、物资投入信息以及财政投入信息。应急指挥协调信息指政府部门或相关业务部门为处置危机事件而进行的系列响应的信息，包括重要会议、请示、决策等；人员投入信息主要包括通信人员、灾评人员、医护人员、消防人员、武警、公安等信息；物资投入信息指的是在应急处置过程中所使用的物资的信息，包括生活消耗物资、通信物资、医疗物资、交通物资等信息；财政投入信息指的是政府部门拨款和社会捐赠的为应对应急突发事件所投入的资金的情况。[1]

一、应急处置信息传播的功能需求

应急处置信息传播对于解决突发事件具有重要的作用，高效地传播应急处置信息则需要以下几个具体的功能需求。首先，应急处置信息传播要为应急决策提供支持；其次，应急处置信息传播要实现应急信息共享；最后，应急处置信息传播要有严格的传播标准。

二、以社交媒体为载体的应急处置信息传播

1. 社交媒体与应急处置信息在传播与获取上具有一致性

以微博为代表的社交媒体进入门槛较低，具有广泛的群众基础，另外社

---

[1] 张芝霞，杨帆，谢迪菲. 试论微博在地震应急处置中的作用[J]. 城市与减灾，2013（5）：29-32.

交媒体对于信息的生产、发布、转载和反馈等速度较快。而应急处置工作的第一步就是需要高效的传播速度，群众在接收到政府发布的应急处置信息之后，能够快速地传递给身边的人，以便使应急处置信息大范围、高效率地进行传播。

2. 社交媒体使应急处置信息传播更快速、有效

社交媒体拥有多种形式的传播手段，如图文、声音、视频等，可以快速地定位、接收和转化。另外，社交媒体实现的信息传播成本低，速度快，传播范围广，能够使应急处置信息传播效果更佳。

虽然社交媒体在应急处置信息传播的过程中能够发挥强大的作用，但是在信息传播过程中也有诸多的注意事项。第一，社交媒体要明确发布内容、语言风格、运维管理制度、工作细则以及责任主体等；第二，要注意网络舆论的形成，及时对影响应急处置信息传播的网络舆论进行干扰和处理；第三，要加强社交媒体与社交媒体之间、社交媒体与应急处置信息发布方之间的交流互动和信息共享，以保证应急处置信息传播内容的一致性与权威性；第四，要对应急处置信息传播的语言特性、受众群体特性等进行更深入的研究，科学地利用新兴的网络媒体，使社交媒体在应急处置信息发布与灾情信息收集、处理工作中的效用进一步得到增强，加强对社交媒体人员的培训，提高其对应急突发事件的反应速度。

第三节 应急恢复信息传播

紧急恢复是指在危机发生后，为了恢复正常的社会秩序，必须尽快开展各种恢复工作。要进一步调查事件发生的原因，吸取教训，尽量减少和杜绝这类事件的发生。同时举一反三，促进应急制度和管理的创新，其内容主要包括恢复与重建、灾后援助、事件调查、资源回收和修复、应急预案评估和修订、灾后信息发布等。[1]应急恢复信息就主要指的是以上几个方面的信息。

---

[1] 娄钰华. 高校应急管理系统的构建及系统分析研究[J]. 中国成人教育，2010（13）：32–33.

目前对于突发事件的评估大多是针对灾难已经造成的损失进行的，通常按照灾难发生的时间划分为灾难发生之前的预评估、灾难发生过程中的监测性评估和灾难发生之后的实测性评估。[1]但是在实际的应急恢复信息使用过程中，真正对应急恢复决策起重要作用的是可恢复性评价信息。恢复性评估是指在紧急情况发生后、应急管理结束前，对于事件的现状恢复到基本正常状态的能力的评价以及完成恢复所需要的时间和资源的评价。[2]

而可恢复性评价信息的有效传播对于灾情的恢复和决策则具有更加重要的意义。可恢复性信息传播方向应为：由专门的灾情监测机构通过合理规范的技术手段对灾情的可恢复性进行客观的评价，得到可恢复性评价报告，然后将评价报告交由政府部门审阅，政府部门要根据可恢复性报告得出的结论制定相应的灾情恢复和补救措施，最后由政府部门将应急恢复信息传播给民众。

第四节 案例分析

一、案例简介

2012年7月，北京市发生了自1951年以来的最强降雨过程，其持续时间短，雨量大，范围广，山地雨量极大。造成79人死亡，190万人受灾，直接经济损失近120亿元。

二、预报、预警情况

（1）预报起报较早。北京市气象台于前一晚发布暴雨预警，并于当日两次召开专题预报，报道降雨的强度及结束时间，预警信息报道时间早。

（2）预警发布及时。北京市气象站当天发布了7次暴雨预警信号、闪电

---

❶ 孙绍骋. 灾害评估研究内容与方法探讨［J］. 地理科学进展，2001（6）：122-130.

❷ 陈安，赵晶，张睿. 应急管理中的可恢复性评价［J］. 科学对社会的影响，2009（2）：36-39.

预警信号等，并3次发布山洪地质灾害预警。

（3）加强滚动会商。为准确得知降雨情况，北京市气象台7次组织相关专家进行会商，并多次与中央气象台、有关省气象台进行会商，密切关注天气的变化情况。

三、气象服务情况

1. 服务滚动跟进

在气象服务方面，北京市气象台及时向有关部门发布了5份重要天气报告、18幅雨量计和雨量分布图。对于受灾最严重的房山区，采用每小时电话汇报一次、每3小时更新一次的方式进行汇报。在向公众发布信息方面，北京市气象台首席专家多次接受媒体采访，同时充分利用门户网站等社会媒体发布气象预警信息。

2. 多种手段齐上阵

气象服务中心利用各种媒体手段进行预警信息的发布，如社区大屏、门户网站（中国天气网、首都之窗）、新浪微博等。另外，发布短信近140万人次，利用彩信向领导发布雨量分布图4次。“气象北京”作为用户反馈最直接的微博渠道，当日被转发上千次。

3. 电视直播达到新的高点

7月21日，除参加中国气象频道直播报道外，声像中心在北京电视台北京卫视的多档栏目中，对此次暴雨进行了视频直播，共计播出近13个小时。

4. 专业用户服务点对点

在专业用户预警信息的发布方面，采取点对点的发布方式。专业台给以环卫集团、公园、铁路集团等为代表的专业用户及时发布预报、预警、专业专项警报和雨情信息，对于最重要的排水集团，北京市有关部门与其电话连线4次，并多次进行预警预报。

四、灾后服务及相关工作进展情况

根据市委、市政府的统一安排，“7·21”暴雨应对工作重点逐渐从应急抢险转向救灾和善后工作。北京市气象局积极配合，做好各项灾后服务。北京市气象台及时为受灾严重地区提供相关数据，各级领导小组前往灾情严重地区进行灾情调查；市农业联合局联合编制并发布了关于灾情程度及其应对措施的简报，完成并提交了“7·21”暴雨影响评估服务材料和暴雨对玉米影响的专刊；为雨后的防灾电视栏目制作特别节目等。

灾后，气象预警信息发布部门采取和开展的相关工作有：及时反思在此次灾害活动中的不足之处，提前制定相关预案，对于此前存在的部门沟通问题进行协调协商，对相关的管理工作进行规范。

五、存在的问题及改进措施

虽然这一特殊暴雨过程中的气象保障工作是比较恰当的，但在对灾害的深入思考和分析中还存在一些问题。例如，缺乏对初始降雨量的监测精度，初始降雨量与监测到的降雨量不一致；另外，在降雨一开始，预警信息的及时性还有待提高；由于预报人员对于数值数据依赖性较强，但公众对于雨量数值的大小并不敏感，因此造成预警传播效果大打折扣；缺乏对短时强降雨的监测手段，技术能力不足；在临近信息预报时，虽然对政府等决策部门都能及时跟进服务，但对于公众的预警信息传播稍微存在滞后性，手段相对单一，无法最大限度地覆盖公众传播范围；对市民降雨科普宣传不到位，市民普遍缺乏相关知识和逃生技能。根据上述问题，总结出有关的改进措施如下。

（1）改变预报人员对于数值预报过度依赖的现状，创建预报者和预警信息接收者双方都能理解的预警信息发布语言体系；充分利用预警信息发布技术，完善预报概念模型。

（2）提高面向基层的预警信息发布能力，提高预警信息发布的技术手段，技术和人文理念相结合，扩大预警信息传播的深度和广度。

（3）加强相应的科普宣传活动，提高民众的防灾减灾意识和应急逃生能力。

（4）提高新闻工作者对于此类预警信息的敏感度，使预警信息发布方与新闻媒体的协作更加顺畅[1]。

[1] 尤凤春，杨洁，马晓青，等. 北京“7·21”特大暴雨气象服务案例分析［C］// 孙健. 第三届气象服务发展论坛文集. 北京：气象出版社，2014.

第七章　应急信息管理技术

第一节　应急信息管理技术概述

一、应急信息管理技术的含义

应急信息管理技术是指政府和其他公共机构在应对自然灾害、事故以及紧急事件时所采用的技术。20 世纪80年代以来，关于应急信息管理技术的研究已经取得了丰硕的成果。B. Tomaszewski、M. Judex 等概述了应急响应研究现状以及 GIS 在应急响应中的应用需求，回顾了来自不同学科的应急管理研究文献等，对世界各地的应急管理信息系统的设计方法、数据库、通信基础设施进行了对比研究，并在总结研究规律的基础上探讨了未来发展趋势；[1]沙勇忠、李文娟利用文献计量学的方法，在对国外公共危机信息系统研究进行梳理评述的基础上，对英文研究文献关于公共危机信息管理研究的现状及热点进行了分析；[2]徐健通过文献调研，梳理了突发事件知识库构建过程中涉及的理论、技术，分析了应急知识库的应用现状。[3]

---

❶ TOMASZEWSKI B，JUDEX M，SZARZYNSKI J，et al. Geographic information systems for disaster response：a review [J]. Journal of homeland security and emergency management，2015，12（3SI）：571–602.

❷ 沙勇忠，李文娟. 国外公共危机信息管理研究述评 [J]. 国外社会科学，2013（2）：123–132.

❸ 徐健. 国内突发事件应急知识库构建综述 [J]. 图书馆学研究，2018（2）：2–8.

二、应急信息管理技术的分类

应急信息管理涉及的关键技术主要有三类，分别是应急信息获取和处理技术、应急通信技术、应急信息可视化技术。其中，应急信息获取与处理技术所牵涉的技术范围更大，不仅涉及遥感技术、全球定位系统、地理信息系统、数字摄像测量系统等技术，而且还包括专家系统等专业的信息分析和处理系统。应急通信技术既包含传统的有线通信技术，又包含移动通信技术、卫星通信技术、专业数字集群网技术等现代化的新技术。应急信息可视化技术则是比较综合的技术，主要是利用各种空间信息技术形成图形图像，从而让人们分析和处理数据。以上三种信息技术是应急系统中不可或缺的关键组成部分。当遇到各类突发事件时，各类技术往往不会单独使用，而是通过多种技术的结合来提高应急管理的科学性和准确性，从而达到保障广大人民群众的生命和财产安全的目的。

三、我国的应急管理技术支撑体系建设状况

（一）初步建成了四级应急平台体系

近年来，我国根据实际情况科学规划，已经初步建成了由中央、省级、市级、县级四级应急管理平台组成的应急平台体系。按照有关规定，应急指挥系统、技术支撑系统、安全保障系统等都是政府机关应急平台构建的重点。加强移动平台与应急数据库建设，以通信、地质、安全监督、气象部门为主要支撑点，并建立一些与突发事件相对应的应急平台。同时，充实应急预案、典型案例、应急物资储备、应急队伍、应急专家等数据库，进一步完善了与灾害防治和处理有关的知识库。这些需要充分借鉴国内外关于城市管理应急方面的成功案例，把行动导向转移到提高区域公共安全预警和应急救援方面，从而建立起有效的区域应急联动平台。

（二）建立了及时、高效的应急监测预警体系

加强了对各类社会安全事件、自然灾害、安全生产环境状况的检测能力。对各个监测点、预警站等不断优化，主要采用了群专结合的方式对各

类突发状况做出及时、准确的反应，加强了气象灾害立体监测网的建设。其目的是提高对气象灾害和衍生灾害的综合监测能力，用提高监测点的密度方式来提高和不断改善监测技术和水旱灾害的预防水平。依靠国家和省级监测、实验、防控机构的技术指导，合理布点县（市、区）农业有害生物监测预警区域站。积极应用交通管理系统、定位系统、电视监控系统、船舶自动识别系统等系统的现代化安全监管技术，完善重点水域、关键资源、重点工程中的实时检测过程。突发的公共卫生事件中的检测主要是依靠各级疾病预防和控制中心的实验室，不断地完善应急实验室的网络情况以提高实验室的检测能力；同时不断地优化动物疫情的检测网络和预防监控体系，有效防止外来动物疫病传入。加强了重点工业污染源、重点区域（流域）和饮用水源的环境安全自动监控体系建设，完善了环保监测网络和信息数据库。同时健全了报警服务、信访及非紧急救助服务体系，加强网络信息与社会舆情监测。[1]

（三）建成了及时、准确的信息与决策指挥系统

近十几年来，应急管理体系建设日益得到政府的重视。利用现代信息技术手段，加快信息与决策指挥系统建设，初步建成了由中央、省级、市级、县级四层信息与决策指挥系统合成的信息和决策体系，这对信息的流动和完善应急管理能力及水平至关重要。省政府的一些决策和重要信息指挥系统对上与国务院应急平台实现了互通，对下和市、县的信息决策系统亦实现了互通，完善了中央、省级、市级、县级四级纵向应急管理信息传递，提高了应急决策速度，同时，在中央、省级、市级、县级横向上分别与有关部门有效实现了数据的传输和视频会议的开展。

（四）建造了有效的应急通信保障制度

我国利用自主卫星移动通信系统组建了由应急通信卫星组成的移动通信专用网络，构成了天基应急通信网络；积极搭载了移动通信基站等设备，构建了空中转信平台，部署了环境适应力强的空中转信系统；形成了有线与无线相结合及技术类型多样的公共通信与应急地面通信网络，对于专用的应急

[1] 黄宏纯. 应急管理科技支撑体系研究［D］. 武汉：武汉理工大学，2013.

通信和网络设备进行了改造和升级，用来提升公众通信网络在突发事件中的呼叫和信息接收、控制与终端定位能力。不断加强移动通信装备的建设、维护与管理。各省、市、县（市、区）政府有关部门提高海事卫星电话的密度和公安、卫生等部门的应急通信车辆及各种应急通信装备的管理和利用。加强通信行业自身队伍与综合保障能力建设，建设覆盖全国的应急通信行列，大致形成相对结构完整的支撑体系。

第二节　应急信息获取和处理技术

一、应急信息获取与处理技术的含义

应急信息获取又叫作应急信息采集、应急信息采取。应急信息采集是指根据应急管理的需要，通过各种渠道和形式获取相关信息的过程。采集及时、准确、全面的信息，是应急信息管理的基础和前提。[1]应急管理的基础是准确、及时地获取有效信息，是否能获取到准确的信息是决定信息系统成败的关键，其来源、渠道、实用性和可靠性等都十分重要，尤其是在信息沟通不畅、时间紧迫以及信息的准确性和有效性难以保证的突发事件的状况下。因此，在获取应急信息时，应该特别注意它的基本源和基本点。其中，基本源是指应急信息的来源和流通渠道；基本点是指应急信息的实用性、可靠性等。

获取到的应急信息需要整合、过滤、加工，并建立起信息之间的联系用于应急救援，这个过程就是应急信息处理。由于当前突发公共事件在信息传播速度、效率方面与传统媒介相比发生了质的改变，不同阶段、不同部门、不同信息报送渠道都需要获得不同的应急信息，因此，需要对应急信息进行必要的匹配处理。

高质量的应急信息是应急管理提升效率、决定成败的关键，对应急信息进行过滤筛选，提取有用的信息是关键环节。

[1] 李珍珍. 突发事件政府应急信息采集研究［D］. 湘潭：湘潭大学，2013.

二、应急信息的来源

了解应急信息的来源是准确获取应急信息的关键部分，就应急的实际情况来说，信息源大概分为三种类型。第一种是源头性信息源，主要包括已经完成的数据库、成果库、文献库等。应对突发事件的过程中，那些需要提前准备好的信息，如基础背景信息、相关的法律法规信息、安全知识、应急预案以及救灾可调用的人员、物资、财产等信息主要来源于此类信息源。第二种是根源性信息源，是指产生信息的最原始的事物，其信息需要通过一定的方法、手段或仪器，从实际事物的本身来获取。在突发事件应对的过程中，如受灾对象信息、受灾损失信息以及现场的一些动态性的信息主要来源于此类信息源。第三种是智能型信息源，其主要包括应急人员的援救知识和相关的决策体系以及辅助性的决策体系。突发性事件的形成原因、过程、动态变化情况的信息来源主要是智能型信息源，这些综合信息都是通过全面分析来源和根源信息而获得。

另外，突发事件的不可预见性也说明应急信息的获取渠道具有多样性。比如四川的汶川地震和芦山地震都是在人们不可预测的情况下发生的，所以要想得到一些突发事件的蛛丝马迹并能提供预警，就需要采用多渠道的获取方式。如果能提前预测到地震发生的相关信息，绝大部分的损失都是可以避免的。因此，研究事情之间的联系对于信息资源高速发展的当今社会格外重要，同时更要注重信息资源获取途径的合理性，这在一定程度上也能提高应急信息的实用性和可靠性。

三、应急信息获取与处理的关键技术

“5S技术”是当今社会对于信息资源和处理的重要技术。“5S技术”是遥感技术（Remote Sensing，RS）、地理信息系统（Geographic Information System，GIS）、全球定位系统（Global Positioning System，GPS）、专家系统（Expert System，ES）和数字摄影测量系统（Digital Photogrammetry System，DPS）的统称。

（一）遥感技术

1. 遥感技术的含义

遥感通常为非直接接触的、较远距离的探测技术，主要是用对电磁波敏感的仪器在远离目标和非接触目标的前提下对目标地物进行探测，同时还要对信息实行有效传输并进行处理。

遥感技术作为一项重要的数据获取方式，由于其快速、大范围、连续动态、受地面条件限制小、获取的信息全面综合等显著优势，可以很好地弥补传统监测方法的缺陷，已成为重要的应急管理手段。未来的卫星遥感计划将尽可能将多种传感器、多级分辨率、多谱段和多时相集于一身，以更快速度、更高精度和更大信息量来提供对地观测。[1]

2. 遥感技术的特点

（1）范围广。遥感技术已经有了较为成熟的应用，可以对地球甚至部分的宇宙空间进行探测，并获得所需要的数据。遥感技术越来越成熟，获取数据所需时间也越来越短。遥感获得的数据开阔了人们的视野，例如利用遥感技术得到的地球影像能让人们更加宏观地了解地球，能让人们较为全面地了解地球环境、资源等方面的动态变化。

（2）周期短。卫星是不断运转的，因而能保证所获取信息的不断更新，并且周期非常短，这与人工测量相比是很大的优势。比如Meteosat每隔30分钟就能获得同一地区更新后的图像。

（3）综合性强。遥感能够实时地检测地球上事物的动态变化，这有助于人类把握自然规律。尤其是在面对某些自然灾害时，遥感能通过环境变化做出提前预警。遥感所采集的是地球上大范围的数据，将这些数据综合起来并对其加以分析，可以宏观地展现某区域事物的发展变化。

（4）获取信息手段多。根据使用者预期目标的不同，遥感可以利用不同的方式来获取信息，例如利用紫外线、红外线、微波等探测物体。

---

[1] 燕晋宁．“5S”技术与地理科学教育［J］．实验室科学，2006（4）：100-101.

（5）受限少。在地球上有很多地方人类难以到达，遥感技术可以发挥其优势，到沼泽、沙漠以及人类难以到达的高海拔地区采集数据。

（二）地理信息系统

1. 地理信息系统的含义

地理信息系统是基于计算机系统的对地球表层的空间数据进行收集、存储、管理、分析和描述的技术系统。

当具有一定地理学知识的用户使用地理信息系统时，其所面对的数据不再是毫无意义的，而是把客观世界抽象为模型化的空间数据，用户可以按应用目的观测这个现实世界模型的各个方面的内容，取得自然过程的分析和预测的信息，用于管理和决策，这就是地理信息系统的意义。[1]

2. 地理信息系统的构成

地理信息系统通常由硬件、软件、数据、人员和方法构成。

硬件是指GIS操作过程相关的计算机。随着地理空间技术和信息技术的逐渐融合相通，越来越多的支持GIS的硬件被相关机构研制出来，比如中央计算机服务器、计算机网络等。

GIS 软件主要是用来储存数据、分析数据和显示地理信息的工具，例如数据库管理系统、可视化工具、数据分析工具等。

数据是 GIS 系统的核心。GIS的数据来源多样，主要包括遥感图像、地图、音视频资料、文本资料等。地理信息系统负责将有用的信息整合并存储于数据库中。

目前的GIS技术还无法实现全自动化数据处理，如果不能将这些数据应用于实际问题，收集到的数据将没有价值。

成功的GIS系统，需要做好规划，没有好的方法，数据将无法发挥其应有的价值。

---

[1] LONGLEY P A，GOODCHILD M F，MAGUIRE D J，et al. Geographic Information Systems and Science[M]. Hoboken，New Jersey：Wiley，2007.

（三）全球定位系统

1. 全球定位系统的含义

全球定位系统是一个由24颗卫星组成的可以覆盖全球的定位系统。该技术于20世纪70年代由美国开始研制，目的是在地球上的任意一点、任何时间都能采集到观测点的地理信息。

2. 全球定位系统的特点

（1）全天候工作。该技术不受天气等外部因素影响，能随时为用户提供准确的位置、速度等信息。

（2）定位准确。GPS是目前定位精度最高的卫星定位系统，其最高精度甚至可达毫米级。

（3）应用广泛、功能多样。GPS已经与多领域结合形成了很多技术成熟的应用，其中在测量、导航、测速、测时等方面应用最广泛。

3. 全球定位系统的构成

GPS主要由三个部分组成，分别是用于发送导航定位信号的空间部分、用于监控卫星的地面部分以及用于接收GPS信号的用户设备部分。其中空间部分由24颗卫星组成，这些卫星均匀地分布在6个轨道面上。地面部分包括1个主控站、5个监测站和3个注入站。用户设备部分由不同的终端组成，用户的使用目的不同，终端就不同，其中移动手机、汽车导航设备是生活中最常见的用户设备终端。

（四）专家系统

1. 专家系统的含义

1965年，第一个专家系统DENDRAL诞生。在其后的几十年尤其是21世纪以后，专家系统的技术得到很大提高，专家系统也逐渐应用到更多的领域。那么，什么是专家系统呢？

专家系统属于人工智能的研究范畴，它是一个包含大量某个领域知识的计算机程序系统。它能够利用计算机程序中的专家知识和经验，模仿人类专家的思考和决策过程，从而解决一些复杂的问题。

2. 专家系统的发展

专家系统是人工智能的一个非常重要的应用领域，也是最活跃的一个应用领域。专家系统实现了巨大突破，它让人工智能从基础的理论研究开始转向实际应用。20 世纪 60 年代初，专家系统形成雏形，一些通用程序被写出来，这些程序可以进行简单的逻辑推理和证明定理。但是这些程序仅仅停留在解决一些简单的问题上，而无法解决生活中的实际问题。1965 年，Edward Albert Feigenbaum 等人研制出第一个专家系统，该系统总结先前通用问题求解系统的经验，通过将专业化学知识和计算机程序相结合，可以解决推断化学分子结构等实际问题。之后的几十年，专家对于专家系统理论和技术的研究不断深入。专家系统的应用由化学领域逐渐扩展到数学、生物、农业、气象、军事等众多领域，各类专家系统得以开发出来。一些专家系统甚至已经超过人类专家的水平，目前专家系统已得到广泛的应用。

（五）数字摄影测量系统

1. 数字摄影测量系统的含义

数字摄影测量系统是用数字化的方式测绘目标物信息的摄影测量系统。摄影测量是19世纪以来在测绘领域内发展起来的一门学科，其主要任务是利用摄影片上的影像信息来测制各种比例尺地形图，建立地形数据库，并为各种地理信息系统提供基础数据。[1]近些年，数字摄影测量系统技术发展日趋成熟，已经在大规模地形测量中得到普遍应用。随着数字摄影测量技术研究的不断深入，数字摄影测量的应用范围将远不止于此。

2. 数字摄影测量与传统摄影测量的区别

（1）原理不同。数字摄影测量基于计算机技术，通过计算机来获取摄影对象的信息，这些信息往往通过数字化的方式表达。传统摄影测量是通过胶片和摄影机组合的老方式来测量摄影对象的大小、形状等信息。

（2）影像不同。相对于传统摄影测量，数字摄影测量采用数字影像代替传统的胶片影像。

（3）观察方式不同。数字摄影测量是通过计算机视觉来观察的，而传统的摄影测量则是通过人的肉眼来观察。

---

[1] 宋广平，伍青云. 数字摄影测量系统及其应用[J]. 中国煤田地质，2005（S1）：106–107.

（4）使用设备不同。数字摄影测量是在传统摄影基础上采用数字化摄影设备，得到的摄影信息全部实现数字化。

（5）效率不同。传统的摄影测量由于使用的影像为胶底影像，不能采用电脑进行数字化处理，因此处理效率低下，获得产品的质量低下。而数字摄影测量可以通过计算机设备自动进行影像处理，相比传统方式更加迅速，质量相对更有保证，效率也相对较高。

四、应急信息获取与处理技术的作用

（一）建立应急管理信息库，存储地理空间数据

在应急救援的处理过程中，应急处理部门需要大量的数据支持。这些数据包括自然数据和社会经济数据。其中，自然数据包括应急救援区域的地形地势图、动态遥感影像等。在处理自然灾害等应急事件中，这些数据还包括气象、水文等数据。社会经济数据即与当地经济相关的经济建设状况等数据以及相关部门提供的其他经济数据。

（二）分析评价与预测模拟

这一部分主要是定损分析。通过遥感、全球定位系统和地理信息系统获取受灾地区的具体定位和受损信息，用数字摄影测量系统按照比例绘制出具体的受灾地区情况图，对受灾地区进行损失评价。这些信息包括受灾面积、受灾人口、受灾位置等。除此以外，还可以对受灾地区的水电情况、交通通信情况、移动网络情况进行统计，从而确定受灾地区所需要的应急资源类型，对灾害受损情况进行预测，确定救援重点区域。

（三）应急预案制定

通过对自然数据以及经济数据的分析和预测，确定具体的应急预案，并结合专家系统分析预案的可行性，确定切实可行的应急处置办法。一方面，确定合适的应急预案有利于找到最优的人员疏散路线、物资调配路线、医疗救援方案等；另一方面，能让应急救援部门快速得到有效信息，为应急救援部门决策提供科学的数据依据，有利于提高政府的应急能力。

（四）应急信息发布

将有利于应急救援的相关信息采用GPS定位、遥感影像、地图等方式通过电视、移动通信、互联网等各种媒介手段发布给公众。

目前，在发达国家的很多城市中，应急系统建设已经成了城市管理的重要组成部分，而应急系统的建设大部分都以5S技术为支撑，甚至有些地方的应急系统已经成为当地城市的标志性工程。5S技术在重大自然灾害的风险评估及监测评估、安全事故人员疏散以及突发公共卫生事件的应急处理中都起到举足轻重的作用。我国对于5S技术的应用虽起步较晚，但也先后在2003年“非典”疫情、2008年汶川地震、2019年四川宜宾地震等重大的突发事件中发挥了重要作用，为应急指挥、救援等工作提供了重要支持，更好地保护了人民群众的生命和财产安全。随着国内对5S技术研究的逐渐深入，其应用也越来越广泛，5S技术必将在应急管理中发挥更重要的作用。

第三节　应急通信技术

一、应急通信技术的含义

21世纪以来，随着通信技术的迅速发展，通信成了人们生活中不可或缺的一部分。当发生应急事件时，通信是受灾人员与外界联系的重要手段。但是当发生严重事故或者自然灾害时，正常的通信往往会失去作用，常规手段无法满足特殊情况下的通信需求。通信一旦出现故障，应急救援将面临更大的困难，也会给人民群众的生命财产安全造成极大损失。应急通信技术不仅是受灾人员对外联系的重要渠道，更是整个救援部署中的重要一环。因此，运用先进的应急通信技术，提高应急通信能力成为应急信息管理技术中非常重要的一部分。

应急通信是为应对自然灾害、事故以及其他紧急事件而产生的特殊的通信技术。在有线通信设备遭到破坏、无线通信信号弱等正常的通信渠道无法得到保障的情况下，非常规性的应急通信技术能在最大限度上恢复灾区人员与外界的通信能力，从而有利于应急处理部门从最大限度上掌握受灾地区的整体情况，更快、更准确地实施救援。应急通信具有时间和地点不确定、通信需求不可预测、业务紧急、网络构建快速和过程短暂等特点。[1]应急通信技术的定义并非一成不变，随着技术研究的不断深入，应急通信的方式和渠道也会相应增多。对于不同的机构和部门而言，应急通信技术有着不同的内涵，且这种内涵随着通信技术的发展不断变化。

二、应急通信系统承担的任务

应急通信系统承担的任务，总体包含以下三个方面：

（1）平时为公用通信网提供补充服务；

（2）当发生紧急事件时，为受灾区域提供特殊的通信保障；

（3）战时为作战提供支持。

应急通信承担的任务性质也存在差异，可以根据任务性质的不同将其分为应急服务任务和应急保障任务。应急服务任务主要是为重大的经济活动、社会活动、外交活动等提供通信支持；为重大的自然灾害、突发公共事件、重大通信事故等提供通信保障。

三、应急通信的关键技术

随着科技水平的不断提升，应急通信技术水平也大大提高。如今常用的应急通信技术主要有有线通信技术、移动通信技术、卫星通信技术和专用数字集群网技术，这些技术有各自的优势，也存在技术上的不足，因此要根据实际的场景和需求进行选择，以便为应急救援提供最优方案。

（一）有线通信技术

在日常生活中，最常见的通信形式就是有线通信。有线通信常常以电线或者光缆作为通信传输的介质。目前，我国在全国范围内已经建成较为广泛的有线通信网络，使用起来也较为方便，并且其使用成本较低。但是这种通

---

[1] 王海涛. 应急通信的发展现状和技术手段分析[J]. 中国无线电，2010（11）：49–51.

信技术所采用的设备在遭遇自然灾害等突发情况时往往会受到较大程度的破坏，其应急通信的可靠性难以得到保障。

（二）移动通信技术

移动通信技术也是常用的通信手段，其普及度越来越高。如今移动通信技术在定位方面发挥着越来越重要的作用，通过移动定位技术，我们能够更加快捷和准确地确定信号发送位置，尤其在现在的救灾过程中，移动通信技术的定位功能发挥的作用越来越明显。

（三）卫星通信技术

卫星通信技术是现在使用最广泛的应急通信技术，并且因为有卫星通信技术的硬件系统做保障，其受到外界影响的概率较小。卫星通信技术如今已经覆盖的区域十分广阔，其应急通信效果良好。该通信技术的主要缺点是容量较小，而且成本过高，应用场景一般选在价值较高的场所。

（四）专用数字集群网技术

专用数字集群网技术是一种专门建设的应急通信技术，它具备快速响应和群组指挥的能力，能够在突发事件发生后实现快速的通信联系。

第四节　应急信息可视化技术

一、应急信息可视化的含义

应急信息可视化是指通过结合现代技术手段，将所有的应急救援信息通过图像或者视频形式展现出来，为事前应急维护、事中应急处置、事后应急恢复提供可视化的手段，亦是帮助相关部门准确、高效地实施救援的辅助手段。应急信息化技术是指为实现可视化所运用到的各种技术。

二、可视化综合指挥调度系统

通过结合应急信息可视化的相关技术，可以形成可视化综合指挥调度系统。可视化综合指挥调度系统通常是由多种技术相结合的系统，其中包含计算机综合控制技术、视频解码编码技术、网络信息传输技术等。可视化综合指挥调度系统可以通过服务器对音、视频信号进行综合调度处理，并且可以支持多屏集中管理。可视化综合指挥调度系统可以对已知的所有信号源实施跨网调度，并对各类信号源进行实时预览，可以设置多种预案并集成外设控制。简单来讲，可视化综合指挥调度系统可以尽量避免应急救援过程中形成的“信息孤岛”问题，将各类信息录入综合的调度系统，实现统一管理和统一调度。

三、应急信息可视化的作用

应急信息可视化利用集成的网络化、数字化技术，通过整合网络中心、救治中心、视频监控系统、地理信息系统，将应急管理纳入统一的综合管理平台，实现跨单位、跨部门的资源共享，并通过平台进行统一指挥协调，可切实提高相关部门对突发事件的应急处置能力，有效降低或缓解其危害和影响，创造良好的公共安全环境[1]，具体应用主要有如下方面。

（1）统一调度。可视化综合指挥调度系统与各类系统直接对接，将视频、音频、图像等各类信号统一起来，实现最大限度的可视化调度。

（2）多预案快速调用。根据应用场景的不同，各类不同的信号组合可以构建出不同的场景。

（3）图像监控。可以对应急处理过程中有关的视频会议、监控、警务图像等进行实时的预览，以便及时调整应急救援策略。

（4）异网互通融合。可以通过节点设备，将现有的专网视频会议、视频监控音频、视频、数据等信号接入可视化综合指挥系统，实现异网图像、声音的融合。

（5）远程监控。各类信息通过整合之后形成清晰的可视化图像或

---

[1] 胡敏，李臻. 可视化综合指挥调度系统在民防应急指挥中的运用（V2. 0）[J]. 数字通信世界，2017（5）：45–48.

视频，并下发给下级各类处理单位，让处理单位清晰地了解救援详情，并对下级单位进行远程监控和指导。

（6）远程管理、协同控制。通过分布式的部署，实现对指挥中心的远程管理，包括预案启动、实情预览、分级管理等。

（7）记录操作过程。可视化技术在协助应急救援的同时，会以各种方式储存下来，方便日后对救援过程进行分析及学习。

第五节　案例分析

一、基于 GPS 技术的四川九寨沟 7.0 级地震震后人流分析

为了更好地理解现代应急信息管理技术在实际中的应用，下面以地震应急救援为例，分析以GPS为技术基础的地震应急救援平台搭建。

2017年8月8日21时19分46秒，四川省阿坝州九寨沟县发生7.0级地震，浙江省地震局第一时间发布震中手机人口热力图，并利用手机位置大数据对震区人口分布、震后人流变化进行分析，取得较理想的效果。

二、数据预处理

近年来，手机等的高普及率使得大规模持续采样的移动设备定位数据为估计更高时空分辨率的人口分布提供了一种新的途径。安卓（Android）系统因其免费开源、开发维护成本低、使用简单等特点，已被广泛作为移动智能应用的开发平台。GPS和北斗卫星导航系统的定位服务在手机终端应用中成为主流配置，智能手机普及、位置分享服务、基于位置服务、大规模分布式数据存储与计算框架等的出现与发展，使得实时获取精准的海量手机位置信息成为可能，利用手机移动定位估算实时人口已成为一种可操作的相对精确的方法。

此次地震震中为33.20° N、103.82° E，位于九寨沟核心景区。震中东距九寨沟县城 39km，距松潘县 66km，距舟曲县 83km，距文县 85km。此次

地震的最大烈度为Ⅸ度，等震线长轴总体呈北北西走向，Ⅵ度区及以上总面积为 18 295km^2。我们以震中为中心，在东西长 500km、南北长 360km 的范围内共采集了1 031.99 万条手机位置记录、44 573 个空间格网位置数据，采集范围覆盖了Ⅵ度及以上区域。震中为景区，常住人口比例较小，大量的是短期居住的外地游客，游客在微观时空移动非常频繁，不同时段也存在着巨大的人流差异。所以，我们提取了分时段内的人口信息，具体是从8日21:00时开始，提取每隔 1h 的数据覆盖，共计 24 个时段，这样可以比较全面地体现震区人员的动态分布情况。本次工作由于数据量庞大，精度和效率相互矛盾，采用高精度虽然可以更加详细地描述人口分布，但是会出现计算量过大的问题，而且此次地震震中位于山区，山体的遮蔽效应对手机位置的精确定位会有一定影响，如果过分追求精度，反而会造成一定量的重复计算点并影响计算效率。为了更快地对震区人口进行分析，兼顾精度和效率，我们选取了200m 格网的精度进行人口分布分析。

三、基于核密度分析的人口分布模拟[1]

我们采用核密度法，利用采集的手机点位数据模拟了东西长500km、南北长360km范围内的人口分布，发现：震中附近人口稀少。人口集中在较远的东部地区，距震中比较远，其中，武都区距震中101km，广元市距震中197km，其余仅零星的沿地形沟底、交通线区域有少量的人口分布。我们进一步取震中附近的极灾区为数据来源区域，为了方便分析，对数据做了三维处理，得出结论：震中附近21:00时九寨沟景区只有零星的人员分布，机场人员也不是很多，周边的塔玛村、干海子村有一定人口，人口主要集中在漳扎镇。

为了反映地震前后的人口变化，将8日震后22:00时的人口密度与震前21:00时的人口密度进行对比，计算了两个时段的密度差值，这样可以比较客观地反映出地震造成的通信中断和人员移动情况。通过分析震区、极震区震后与震前的手机密度变化得知，地震发生后震中附近的九寨沟县等高烈度

[1] 李东平，黄乐，陈海鹏，等. 基于手机位置数据的四川九寨沟7. 0级地震人流分析［J］. 中国地震，2017，33（4）：602-612.

区人口密度明显下降；而距震中较远的地区人口密度没有太大变化，总体上减少的和增加的处于相对平衡状态。在震区漳扎镇（沟口）、九寨沟县城、301 省道（机场—漳扎镇段）及周边、301 省道（九寨—文县段）及周边的人口密度则出现急剧下降，213国道（松潘到若尔盖县段）也出现了连片的手机密度大幅减少情况，可以判断出现了基站退服和电力中断的情况。在九寨沟县去往平武县的 205 省道，人口密度有一定增加，九寨沟县城的外围人口也有一定程度的增加，说明震后半小时已经开始有游客在向景区外疏散。

四、灾区分值段人口变化分析

地震发生后，灾区人口分布是一个动态变化的过程，从震后基站退服影响人口数开始，到通信和电力的抢修，再到后来的沿交通线向外疏散，人口的数量和位置一直在发生变化。干海子村距震中较近，也是灾情较重的一个村，地震中破坏严重的天堂大酒店就在这个区域，震后通信和电力受损严重，几乎完全中断，直到9日上午经过抢修通信和电力才得以部分恢复。黄龙机场没有停电，人流相对其他地区下降较缓，根据相关媒体报道，机场采取一定措施，对滞留机场的人员进行疏散，部分分散到附近的宾馆，少量人员机场过夜。图7–1为机场、景区、干海子村的人口时序变化。由图7–1可见，9日6:00时以后，进港客机和灾区集中过来的疏散人口使人流出现了明显上升的现象。进入9日晚间，机场人流又开始下降。图7–2为漳扎镇人口时

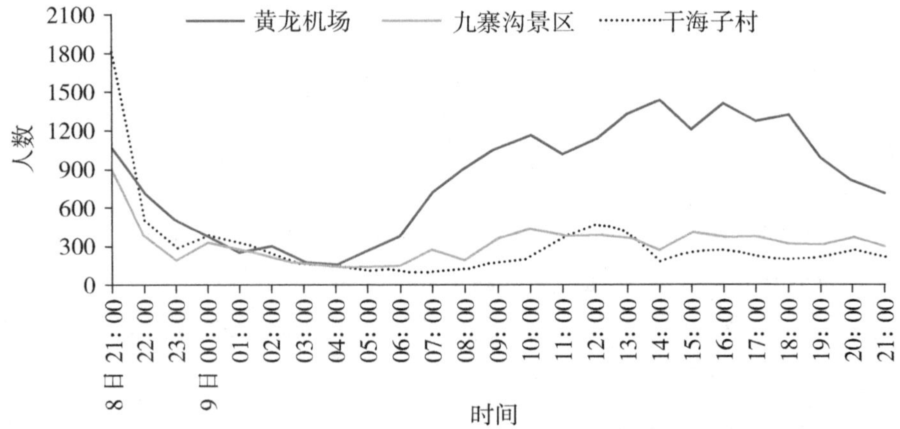

图7–1　2017年8月8日至9日机场、景区、干海子村人口时序变化

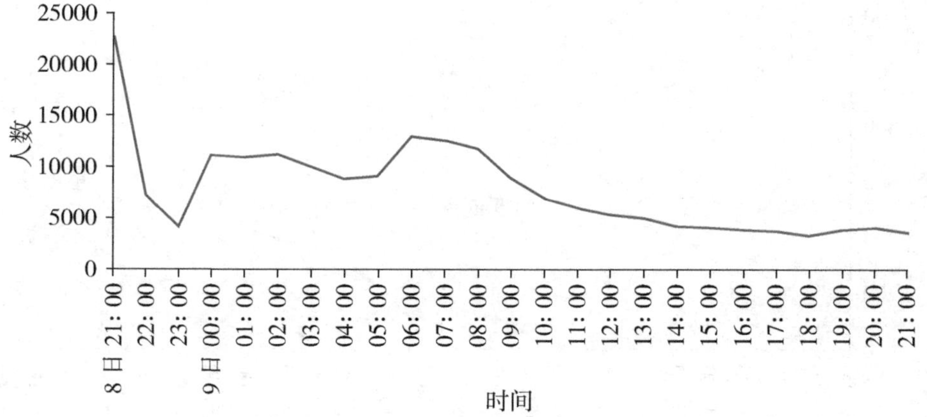

图7-2　2017年8月8日至9日漳扎镇人口时序变化

序变化。由图7-2可见，漳扎镇酒店区人员集中，景区游客大部分集中在这里，震后基站退服较多，紧急维修后，人员仍呈净流出状态。

统计Ⅶ度及以上震级区域范围内13个乡镇人口的24h变化（见图7-3、图7-4、图7-5）可知，它们分别是漳扎镇、南坪镇、双河镇、白河乡、郭元乡、勿角乡、宝华乡、大录乡、陵江乡、玉瓦乡、马家乡、罗依乡、草地乡，并对该13个乡镇进行了大致分组。因震区人口分布极不均匀，漳扎镇、南坪镇人口震前大于1万人，而其他乡镇震前均少于1 000人，其中，陵江乡、马家乡、草地乡震前均只有不到200人，所以，将人口大于1万人的

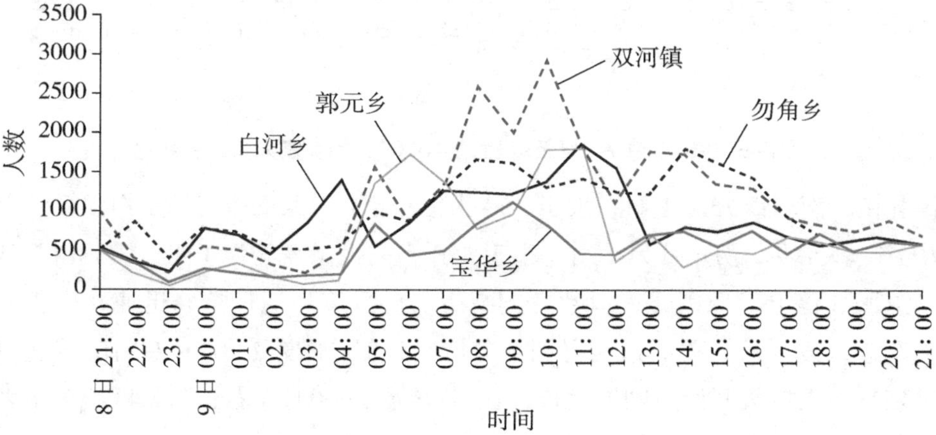

图7-3　2017年8月8日至9日大于450人但小于1万人的乡镇
（沿国道的乡镇）人口时序变化

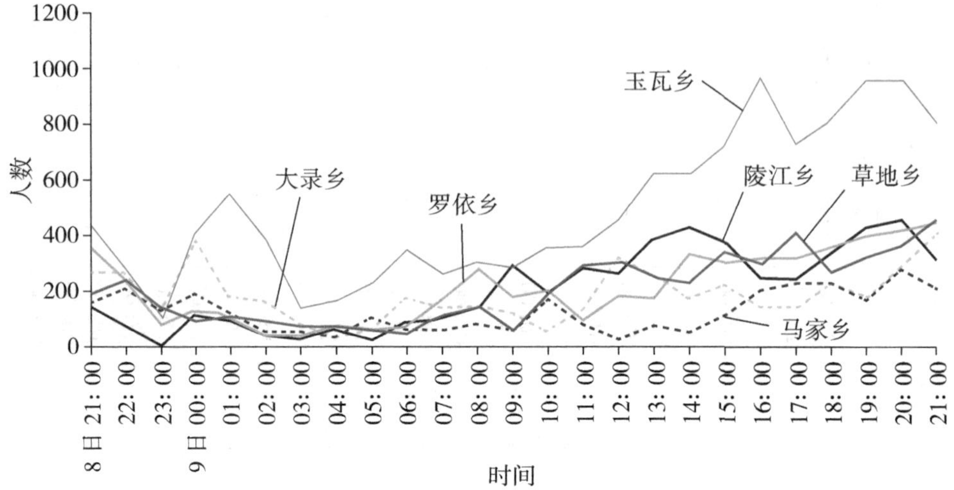

图7-4　2017年8月8日至9日小于450人的乡镇人口时序变化

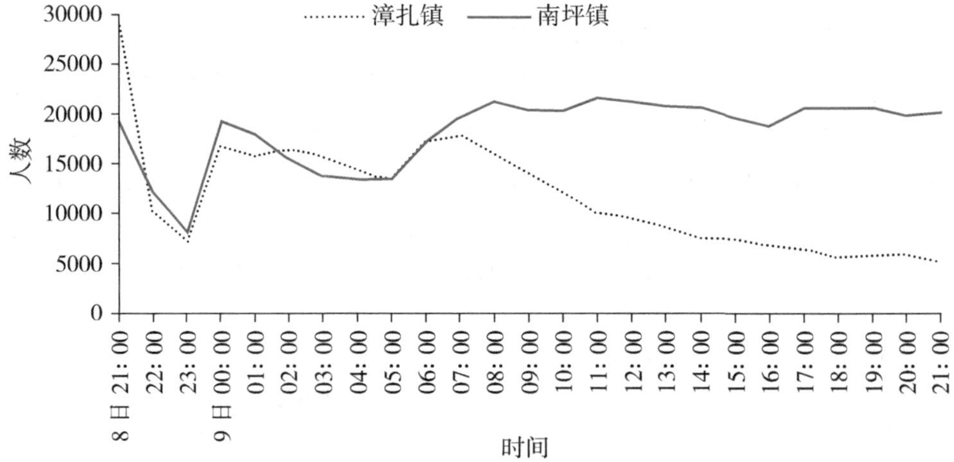

图7-5　2017年8月8日至9日大于10000人的乡镇人口时序变化

漳扎镇、南坪镇分为 1 组，大于 450 人但小于1 万人的双河镇、白河乡、宝华乡、郭元乡、勿角乡为 1 组，小于 450 人的大录乡等为 1 组。震后由于基站退服、停电等原因，人口数急剧减少。此次震后通信抢修迅速，应急通信车进入震区后，震后通信得到部分恢复，8日午夜 23:00时左右随着通信的恢复，人口数开始急剧地增长，在9日凌晨05:00时左右，从景区疏散出来的人口和进入灾区的救援力量叠加，由图7–3可见，沿省道的几个乡镇白河乡、勿角乡、宝华乡、双河镇、郭元乡等人流出现急剧增长，在9日17:00时左右，这几个乡镇的人口开始回落，到19:00时基本稳定。人口少的乡镇基本不沿省道，由图7-4可见，其人口变化一致性较好，基本为震后人口急剧减少，8日午夜24:00时左右开始稳定缓慢增长，基本可以反映出震后通信和电力逐步恢复的过程。由图7-5可见，漳扎镇、南坪镇的震后人口都急剧减少，8日晚23:00时左右开始恢复，其中，南坪镇是县政府所在地，到9日凌晨05:00时左右，基站大部分恢复工作，此后一直为缓慢增长的过程，从震前的19 495人增加到24h后的20 146人，增加的人数应该主要为进入的救援力量和从景区撤入南坪镇的人口。漳扎镇是极灾区，大部分区域都是Ⅷ度、Ⅸ度区，与其他乡镇不同的是，在通信部分恢复后一直是人员流出的状态，特别是9日7:00～17:00时人口加速流出，截至9日21:00时漳扎镇人口由28 569人变为5 209人，除救援力量外，滞留人员已经基本疏散。[1]

五、结论

如今，技术已经成为应急救援中救灾效率和效果的关键性因素。通过GPS技术与人们手中的移动通信工具相结合，救援部门能迅速地确定地震后的人口分布情况、人口迁移情况、交通情况等。随着技术研究的不断深入，现代应急信息管理技术可以延伸应用至更广阔的领域，更好地为地震以及其他应急事件服务。

---

[1] 李东平，黄乐，陈海鹏，等. 基于手机位置数据的四川九寨沟7. 0级地震人流分析[J]. 中国地震，2017，33（4）：602-612.

第八章　应急管理信息系统

突发公共事件的核心是管理，即应急管理。在当今的信息化时代，应急管理的一个重要基础就是应急管理信息系统，其在应急管理中扮演越来越重要的角色。

利用应急管理信息系统可以提高政府的信息获取能力、快速反应能力、组织协调能力、决策指挥能力、防灾减灾能力和综合服务能力。

第一节　应急管理信息系统含义

对应急管理信息系统的概念界定，本节采用“构词法”。将“应急管理信息系统”分为“应急管理”和“信息系统”两个词进行界定，从而进一步对“应急管理信息系统”进行明确的概念界定。

一、应急管理

“应急管理”这个语词在SARS事件以后，开始走进大众视野。目前学术界对“应急管理”的概念有多种界定（见表8-1）。其中最具代表性的是顾林生，他认为，应急管理是指针对灾害和危机等突发公共事件进行预防监测、应急处置和恢复重建的全过程管理[1]。熊炎认为，应急管理是指对突发事件的预防准备、监测预警、应急救援以及恢复重建等一系列工作的计划、组织、领导以及控制。应急管理的主体包括所有的公益部门，而不仅仅是指

[1] 顾林生. 国外基层应急管理的启示[J]. 中国应急管理，2007（6）：36-40.

政府，而应急管理的客体是突发公共事件，简称突发事件。❶

表 8-1　学术界关于应急管理的概念界定

学者及机构	主要观点
陈静、周峰	应急管理就是组织相关力量在监测、预警、干预或控制以及消解危机性事件的生成、演进与影响的过程中所采取的一系列方法和措施❷
唐承沛	应急管理是指在应对突发事件的过程中，为了降低突发事件的危害，达到优化决策的目的，基于对突发事件的原因、过程及后果进行分析，有效集成社会各方面的相关资源，对突发事件进行有效预警、控制和处理的过程❸
联合国	对资源和责任的组织和管理，针对突发事件的各个方面，特别是备灾、响应及早期恢复阶段❹
童书元	应急管理就是围绕突发事件展开的预防、处置、恢复重建的管理行为，有效减轻突发事件造成的损害❺
沃・威廉・L，格利高里・斯特雷布，王宏伟，等	应急管理不仅仅是指应急响应，还应包括：风险减缓，以防止或者减轻灾难的影响，如建筑堤坝，把人们从洪水易泛滥的平原疏散到安全地带；灾害准备，如制订应急计划、开展应急训练；灾害响应行动，如组织搜救；灾害恢复，如恢复生命线和基本服务❻

还有众多学者对“应急管理”的概念界定，是根据应急管理中政府这个最重要的主体进行的。其中，最有代表性的观点是由刘霞和严晓提出的，他们认为应急管理有广义和狭义之分。广义上讲，其是指为了应对突发公共事

❶ 熊炎.应急管理中的组织原理综述[J].广东行政学院学报，2010，22（6）：29-34.

❷ 陈静，周峰.我国政府应急管理的进展及若干思考[J].吉林广播电视大学学报，2006（2）：83-85.

❸ 唐承沛.中小城市突发公共事件应急管理体系与方法[D].上海：同济大学，2007：4.

❹ 联合国.UNISDR 减轻灾害风险术语[R].中国国家减灾中心，译.日内瓦：UNISDR，2009.

❺ 童书元.浅析我国突发事件应急管理——以科学发展观为指导[J].改革与开放，2010（22）：104-105.

❻ 沃・威廉・L，格利高里・斯特雷布，王宏伟，等.有效应急管理的合作与领导[J].国家行政学院学报，2008（3）：108-111.

件，在突发事件的减缓、准备、响应及恢复四个时序阶段中，国家和政府针对各个阶段特征，协调各种物资、资金、人力、信息和制度等资源，实行的全过程、全方位的动态管理活动。狭义上主要指在突发公共事件的应急响应阶段，对所需的物资、资金、人力、信息和制度等资源，实施以追求效益、效果、效率、公平为目标的动态管理活动[1]。中国行政管理学会课题组认为，政府应急管理是政府针对突发事件的一种非常态管理，“所谓政府应急管理，就是指政府为了应对突发事件而进行的一系列有计划、有组织的管理过程，主要任务是如何有效地预防和处置各种突发事件，最大限度地减少突发事件的负面影响”[2]。

总体来看，关于应急管理的内涵众说纷纭。但在现有的研究成果中，学者们一致认为应急管理的对象是突发性公共危机事件，主体是多方的，如政府、公益组织、企业等，其中最重要的主体是政府。应急管理的过程有狭义与广义上的区别，广义上包括事前检测预防、事中应急响应与事后恢复重建，狭义上仅指事中应急救援的过程。

二、信息系统

随着计算机的普及，信息系统被广泛运用到各个领域，如农业生产、企业管理与高校教学等。对于信息系统的定义，以下两种较为典型。

黎春兰和邓仲华认为，信息系统是一个由人和计算机硬件系统、软件系统组成的处理数据的综合系统，由信息源、信息用户、信息处理者和信息处理器四部分构成。[3]侯立文采用技术社会的观点，认为信息系统是由技术和社会两部分组成的，技术子系统负责利用各类技术手段和方法将输入的数据格式转化成对组织有价值的信息输出，这也是大多数人对信息系统的理解；社会子系统则赋予信息系统以应用环境，指明信息系统的组织属性。[4]

---

❶ 刘霞，严晓. 我国应急管理“一案三制”建设：挑战与重构[J]. 政治学研究，2011（1）：94-100.

❷ 中国行政管理学会课题组. 建设完整规范的政府应急管理框架[J]. 中国行政管理，2004（4）：8-11.

❸ 黎春兰，邓仲华. 信息系统分析与设计[M]. 武汉：武汉大学出版社，2011：55-65.

❹ 侯立文. 信息系统的商业价值[M]. 上海：上海交通大学出版社，2014：100-110.

前者是就信息系统自身而言，后者是将信息系统融入社会环境中。笔者结合两种观点，认为信息系统是由人与计算机系统共同组成的，并需要考虑信息系统具体应用的社会环境。

三、应急管理信息系统

王文俊、翟国良和高珊在《应急信息系统发展历程及面临的挑战》一文中指出，应急信息系统以突发事件应急管理全过程为主线，涵盖各类突发事件的监测监控、预测预警、预防与应急准备、应急响应协调与决策、指挥调度、处置与支持、事后恢复与重建等环节。应急信息系统以公共管理学、信息技术以及面向特定系统的专业学科为学科基础。[1]

王延章等认为应急管理信息系统是面向应急管理的信息服务平台，是实现业务体系的手段和载体，是应急管理的基础。应急管理信息系统应强化其应急管理的信息服务的基础性作用，突出其应用服务的可灵活、快速重构和搭建的特征。同时，在技术层面体现组件化、面向服务的开放性、可集成性和分布式部署等特质。应急管理信息系统应是构筑于社会公用信息设施（如通信网络和计算机网络）之上的、联系各个相关行业（公安、气象、疾控、军队等）业务信息系统的大集成系统。[2]

笔者认为，应急管理信息系统的概念有狭义与广义之分。狭义上，应急管理信息系统是指发生公共性危机事件之后由人与计算机软件系统、硬件系统共同完成数据处理，进行应急响应的综合系统；广义上，应急管理信息系统是由人（政府部门、公益组织、企业等主体）与计算机软件系统、硬件系统共同组成，对公共性危机事件进行应急预测、应急响应、应急重建与善后数据处理的综合系统。

---

[1] 王文俊，翟国良，高珊. 应急信息系统发展历程及面临的挑战［J］. 中国应急管理，2010（2）：21-27.

[2] 王延章，叶鑫，裘江南，等. 应急管理信息系统——基本原理、关键技术、案例［M］. 北京：科学出版社，2010：180-190.

第二节 应急管理信息系统的功能

应急管理信息系统的功能，可以根据突发性公共危机事件的发生阶段，划分为突发性公共危机事件的事前预防预测和应急备案功能、事中应急决策和社会资源调度功能、事后重建管理和评价反思功能，以及覆盖全过程的信息发布功能和系统管理与维护功能。

一、预防预测和应急备案功能

预防预测主要是负责日常收集信息与数据，进行突发性公共危机事件发生前的预警；应急备案功能是在对各种突发性公共危机事件做出预测后，准备多种应急响应阶段可以采用的方案。

国务院在2006年发布的《国家突发公共事件总体应急预案》中，要求应急管理信息系统具备预测预警的功能。沈效毅和周春燕认为，应急管理信息系统应该具有预案预测的功能，应对各类不同突发事件进行分类分级预案管理。❶

郑远攀和张云翼等认为，应急预案功能可以为应急指挥提供应急事件成功的案例参考。❷

预防预测和应急备案功能是应急管理信息系统的题中之意，此功能彰显了应急管理信息系统的“防患于未然”的意义，在突发性公共危机事件发生前做好预防，为应急响应打下基础。

二、应急决策和社会资源调度功能

应急决策是根据突发性公共危机事件的现实情况进行决策，并确定选择

---

❶ 沈效毅，周春燕. 高密度客流集散区域交通应急管理信息系统的建设[J]. 城市轨道交通研究，2013，16（1）：6-9.

❷ 郑远攀，张云翼，杨融，等. 融合应急平台的民爆器材安管信息系统设计[J]. 科技通报，2017，33（2）：242-244，263.

某一具体备案；社会资源调度是在确定具体的应急方案之后，进行所需资源调度，以满足应急响应需求。

张伟杰和肖开泰认为应急决策功能主要是对突发性公共危机事件进行分析，在应急预案管理中寻找与当前突发事件类似案例的应急预案，加以分析和改正，借助于专家干预，生成基于当前突发事件的应急计划。[1]韩秋露和孔昭君的观点是，应急管理信息系统应具备社会资源管理等功能，认为社会资源管理主要包括对社会主体分类和资源的管理、布局和调度等，进行主体资源分级与排序，并据此给出主体资源布局方案，采用调度模型，确定实时动态调度方案。[2]

应急决策和社会资源调度功能是一体的，在选择具体备案后进行相应的社会资源调度。该功能是应急管理信息系统最核心的功能，是对突发性公共危机事件的最直接响应。

三、重建管理和评价反思功能

重建管理是对突发性公共事件造成的损失进行弥补；评价反思是对应急管理的整个阶段进行总结反思，防止相同事件再次发生。

《国家防汛抗旱应急预案》指出，水灾害应急管理应该包括善后工作。孙靖文认为应急管理信息系统应该具备事后总结功能，包括事故记录、事故分析和应急预案修订。[3]无论是善后工作还是总结功能，都应包含重建管理的内涵，要求突发性公共危机事件结束后重整恢复。宋四新和唐攀认为，应急管理信息系统应该具备恢复、评估、分析的功能。[4]

重建管理和评价反思功能是在应急响应后进行，该功能的实现要以事实

---

[1] 张伟杰，肖开泰. 煤矿应急管理集成信息系统设计[J]. 中国安全生产科学技术，2014，10（1）：87–91.

[2] 韩秋露，孔昭君. 社会救援资源动员信息系统总体设计研究[J]. 灾害学，2014，29（2）：217–222.

[3] 孙靖文. 公路应急管理信息系统的建设与应用[J]. 现代工业经济和信息化，2018（18）：59–60.

[4] 宋四新，唐攀. 三峡集团公司应急管理信息系统的分析与设计[J]. 中国安全生产科学技术，2008（2）：152–155.

为依据，实事求是地进行重建和评估；并在完成之后，根据实践中出现的问题，对应急预案进行反思与修改。

四、信息发布功能

信息发布功能贯穿突发性公共危机事件全过程，公开信息有利于稳定民心、遏制谣言。

吴文传和张伯明等人认为，信息发布功能是通过网络、短信及时进行有关信息的发布，同时配合媒体进行正面的新闻宣传和报道。但该功能的实现也面临如何建立信息发布数据标准与信息互通的难题。[1]刘思飓等人认为，信息发布功能借助公共信息门户实现，公共信息门户是政府面向社会公众与企业发布信息、提供服务、办理业务的网络窗口，通过信息门户进行信息发布。[2]

信息发布功能是在突发性公共危机事件后稳定民心的重要举措。信息发布功能能够将突发性公众危机事件及时准确地向公众报道，有利于维护社会稳定，防止伴随性事故发生。

五、系统管理与维护功能

系统管理与维护功能是对各个阶段的子系统进行维护与管理，是应急管理信息系统正常运行的重要保障。

都吉夔和郑建常等人认为应急管理信息系统应该包括系统管理功能。[3]系统管理与维护功能是确保应急管理信息系统正常运行的前提，是应急管理信息系统中必不可少的功能。

---

❶ 吴文传，张伯明，曹福成，等. 电网应急指挥技术支持系统设计与关键技术［J］. 电力系统自动化，2008（15）：1–6，25.

❷ 刘思飓，刘晨辉，李丹. 湖北省“国控二期”水资源监控管理信息平台设计与实现［J］. 软件导刊，2018，17（7）：139–142.

❸ 都吉夔，郑建常，张宇隆，等. 地震应急预案信息管理系统的开发技术研究［J］. 西北地震学报，2010，32（4）：393–398.

第三节　应急管理信息系统分类

国务院2006年发布的《国家突发公共事件总体应急预案》，把突发事件分为四大类，即自然灾害、事故灾难、公共卫生事件和社会安全事件。❶姚乐野和胡康林也表示认同此分类。❷在中国政府网，应急管理部的分类同样如此。

结合应急管理信息系统的概念，根据应急管理信息系统的客体不同，把应急管理信息系统分为四类，即自然灾害应急管理信息系统、事故灾难应急管理信息系统、公共卫生事件应急管理信息系统、社会安全事件应急管理信息系统。

一、自然灾害应急管理信息系统

自然灾害应急管理信息系统包括水旱灾害应急管理信息系统、气象灾害应急管理信息系统、地震灾害应急管理信息系统、地质灾害应急管理信息系统、海洋灾害应急管理信息系统、生物灾害应急管理信息系统和森林草原火灾应急管理信息系统等多种。

都吉夔和郑建常等人在《地震应急预案信息管理系统的开发技术研究》一文中，介绍了地震灾害应急管理信息系统的概况、设计原则、技术方案、技术特点和主要功能，其中，重点叙述的是地震应急管理系统中的技术方面。❸姜立新和帅向华等人在《地震应急指挥管理信息系统的探讨》一文中，叙述了地震应急管理信息系统的构成、功能与设计以及初步实现，其中

❶ 国家突发公共事件总体应急预案［EB/OL］.［2019-08-20］. http：//xxgk. ganzhou. gov. cn/c100457kg/ 2018-03/07/content_73b01f7c80ee4ed89cb5505be8709bbb. shtml.

❷ 姚乐野，胡康林. 2000—2016年国外突发事件的应急信息管理研究进展［J］. 图书情报工作，2016，60（23）：6-15.

❸ 都吉夔，郑建常，张宇隆，等. 地震应急预案信息管理系统的开发技术研究［J］. 西北地震学报，2010，32（4）：393-398.

重点叙述了地震应急管理信息系统的构成。[1]

周璀和文益君等人在《湖南森林火灾应急资源管理信息系统研究》一文中指出森林火灾应急管理信息系统的组织管理体系、需求分析和系统设计、系统运行的具体内容，重点叙述的是系统设计。[2]曾欢在《长三角地区水灾害应急管理信息系统建设研究》一文中，对水灾害应急管理信息系统的必要性、子系统、系统运用和灾后救助与救援评估进行了分析。[3]

二、事故灾难应急管理信息系统

事故灾难应急管理信息系统主要包括工矿商贸等企业的各类安全事故应急管理信息系统、交通运输事故应急管理信息系统、公共设施和设备事故应急管理信息系统、环境污染和生态破坏事件应急管理信息系统等。

廖彬强、刘庆新和吴明朝在《供电企业电力应急管理信息系统设计及应用》一文中，对电力应急管理信息系统的数据库设计、系统架构、基本结构以及设计和应用进行了简要分析。[4]

吕露在《公路应急管理信息系统的建设与应用》一文中，对公路应急管理信息系统的系统设计和关键技术进行了介绍，并给出了具体的应用实例。[5]

陈军海等人则在《环境应急管理信息系统的开发与应用研究》一文中，对环境应急管理信息系统的开发背景、运行环境、功能和应用进行了详尽的叙述。[6]

---

[1] 姜立新，帅向华，张建福，等. 地震应急指挥管理信息系统的探讨[J]. 地震，2003（2）：115-120.

[2] 周璀，文益君，张贵，等. 湖南森林火灾应急资源管理信息系统研究[J]. 中南林业科技大学学报，2009，29（6）：103-108.

[3] 曾欢. 长三角地区水灾害应急管理信息系统建设研究[J]. 人民长江，2010，41（1）：101-104.

[4] 廖彬强，刘庆新，吴明朝. 供电企业电力应急管理信息系统设计及应用[J]. 自动化与仪器仪表，2017（5）：179-181.

[5] 吕露. 公路应急管理信息系统的建设与应用[J]. 矿山测量，2017，45（3）：34-37，49.

[6] 陈军海，张文丽，徐文彬. 环境应急管理信息系统的开发与应用研究[J]. 污染防治技术，2016，29（3）：23-26，32.

三、公共卫生事件应急管理信息系统

公共卫生事件应急管理信息系统主要包括传染病疫情应急管理信息系统、群体性不明原因疾病应急管理信息系统、食品药品安全应急管理信息系统、动物疫情应急管理信息系统以及其他严重影响公众健康和生命安全的应急管理信息系统。

陈锋和孙哲丰等人在《食品药品安全应急管理信息平台初步研究》一文中，对食品药品安全应急管理信息系统的业务和资源进行了分析，并且对平台设计进行了介绍。[1]

清华大学的潘海东、于明和郑力在SARS事件之后，在《全面构建国家公共卫生应急系统》一文中梳理了公共卫生事件的发展历程，并对公共卫生应急管理信息系统的总体框架和系统设置进行构想。[2]陈泽黎在《建构突发公共卫生事件管理信息系统的研究——以贵州省兴义市为例》一文中介绍了公共卫生事件的相关技术和需求，并对系统设计和业务流程设计进行了详尽叙述。[3]

四、社会安全事件应急管理信息系统

社会安全事件应急管理信息系统主要包括恐怖袭击事件应急管理信息系统、经济安全应急管理信息系统和涉外突发事件应急管理信息系统等。

林兆荣在《浅议上海市金融业信息系统应急管理工作机制建立的重要意义》一文中，对经济安全应急管理信息系统的意义进行了重点叙述，描绘了工作框架和实践，并且给出了相关的政策建议。[4]王浩在《银行信息系统应

---

[1] 陈锋，孙哲丰，陆颖，等. 食品药品安全应急管理信息平台初步研究[J]. 中国药事，2016，30（9）：851-857.

[2] 潘海东，于明，郑力. 全面构建国家公共卫生应急系统[J]. 办公自动化，2003（8）：14-20.

[3] 陈泽黎. 建构突发公共卫生事件管理信息系统的研究——以贵州省兴义市为例[J]. 兴义民族师范学院学报，2011（3）：84-89.

[4] 林兆荣. 浅议上海市金融业信息系统应急管理工作机制建立的重要意义[J]. 上海金融，2012（1）：100，101，119.

急管理浅析》一文中，对银行应急管理信息系统的现状、问题和思路进行了梳理。[1]

第四节　典型应急管理信息系统介绍

郑州东站高速铁路应急管理信息系统是郑州铁路管理信息系统的三个组成系统之一，应归为事故灾难应急管理信息系统。

郑州东站借鉴其他高铁站的应急管理方法，结合自身资源，形成了自己的应急管理信息系统。郑州东站高速铁路应急管理信息系统分为两大模块：现场情况速报模块和客运应急指挥模块。这两大模块具体包含以下功能：汇总突发事件信息、对比历史资料、辅助评估判断、应急组织响应、应急资源调配、现场应急处置、优化信息渠道。[2]

结合应急管理信息系统应具备的功能分析，郑州东站高速铁路应急管理信息系统具备预防预测和应急备案功能（汇总突发事件信息、对比历史资料）、应急决策和社会资源调度功能（应急组织响应、应急资源调配、现场应急处置）、重建管理和评价反思功能（辅助评估判断）、信息发布功能（优化信息渠道）。

郑州东站高速铁路应急管理信息系统应增加系统管理与维护功能，确保应急管理信息系统正常运行。

[1] 王浩. 银行信息系统应急管理浅析[J]. 计算机光盘软件与应用，2012，15（22）：53–54.

[2] 白斐. 郑州东站高速铁路管理信息系统优化研究[J]. 铁道运输与经济，2017，39（6）：37–41，80.

第九章　应急信息共享

大数据时代，应急信息管理呈现出更加复杂、多变的状态。大数据时代对应急信息共享的要求已不是简单的共有，而是对应急信息的整合共享，使应急信息发挥其最大的数据价值。信息协同是保障应急管理其他资源要素合理优化配置的基础，是应急管理智慧运行的前提条件。

第一节　应急信息共享的含义

应急管理过程中的信息共享行为是指“在突发事件发生前后及其发生过程中，政府部门、组织、媒体、公众之间彼此进行信息交流的过程”[1]。作为实现协同决策基础的信息共享行为，它的价值也受到了专家学者更广泛的关注。在应急管理中，信息共享可以认为是对诱发公共事件的信息以及应急管理过程中产生的信息在相关主体间的共享。[2]

应急信息共享的意义和价值已经被众多的国内外学者所认可，积极开展应急信息共享可以提高应急协作的有效性，消极的应急信息共享不利于多部门的信息协调。有研究表明，“我国的多部门信息协调和共享还可以有更好的发展，信息共享还能加强各部门的协作，帮助克服改革中的障碍，促进行政体制改革目标的实现”[3]。

---

❶ 夏倩倩. 国内外应急管理信息共享研究现状与趋势分析［J］. 科技创业月刊，2018，31（1）：150–154.

❷ 朱建锋，丁雯. 突发公共事件应急管理信息共享研究［J］. 武汉理工大学学报（信息与管理工程版），2011，33（3）：435–439.

❸ 陈玉梅，DAWES SHARON S. 中国电子政府与行政现代化改革的整合发展［J］. 上海行政学院学报，2016，17（6）：25–36.

第二节 应急信息共享组织结构

构建高效的跨部门运作体系，实质就是要在跨部门共享合作环境或在跨部门合作关系发展过程中，善于调动与配置各种已有的或者潜在的客观要素资源，并使其发挥积极作用。[1]

在我国应急信息共享组织结构的顶层设计中，目前存在的重要问题是，中央层面政府部门应急信息管理涉及的部门较多，但是有些部门的职责并不是特别明确，同时还存在多个部门职能重合的现象。

应急信息共享机制的组织结构基本形式，就是要形成以政府应急管理部门为中心，多方主体参与的应急信息共享组织结构。

调查和研究表明，应急信息共享主体主要包括政府部门、非政府组织、社会媒体、社会智库以及社会公众，并且不同的信息共享主体在应急信息共享机制中承担着不同的职能。以政府应急管理部门为中心，并及时与非政府组织、社会智库、社会媒体开展不同程度的合作。社会公众作为应急信息的利用者，也可以利用微博、微信等信息共享媒介，为应急信息共享做出一份努力。非政府组织在应急信息管理过程中由于其独特的性质，可以与群众形成良好的应急信息互动氛围，及时收集到政府部门无法了解的应急信息，所以非政府组织作为应急信息共享的一个主体，承担着与政府应急管理部门信息沟通的主要职能。可以采用信息上报的方式，来进行应急信息的沟通与共享。社会媒体作为应急信息的传递者，在应急信息的共享管理过程中扮演着重要的主体角色，是应急信息共享过程中不可忽视的一环。社会智库以其强大的智囊团为基础，集中了大量的应急信息管理人才。他们的组织团队可以与政府应急管理部门开展密切的合作，在信息共享过程中承担着信息分析的

[1] 龙健. 政府基础信息资源跨部门共享机制研究［D］. 北京：北京大学，2013：154.

主要职责，对收集到的应急信息进行分析，划分出哪些应急信息是群众所需要的，哪些是利用价值高的信息，在信息分析的基础上与政府开展应急信息共享合作。企事业单位和社会公众也作为应急信息共享的主体承担者，在应急信息共享机制的组织结构中承担着重要角色，辅助政府部门进行信息的收集和传递。这五个应急信息共享主体不同程度地与政府应急管理部门存在直接或者间接的关系，共同构成应急信息共享机制的组织结构，如图9-1所示。

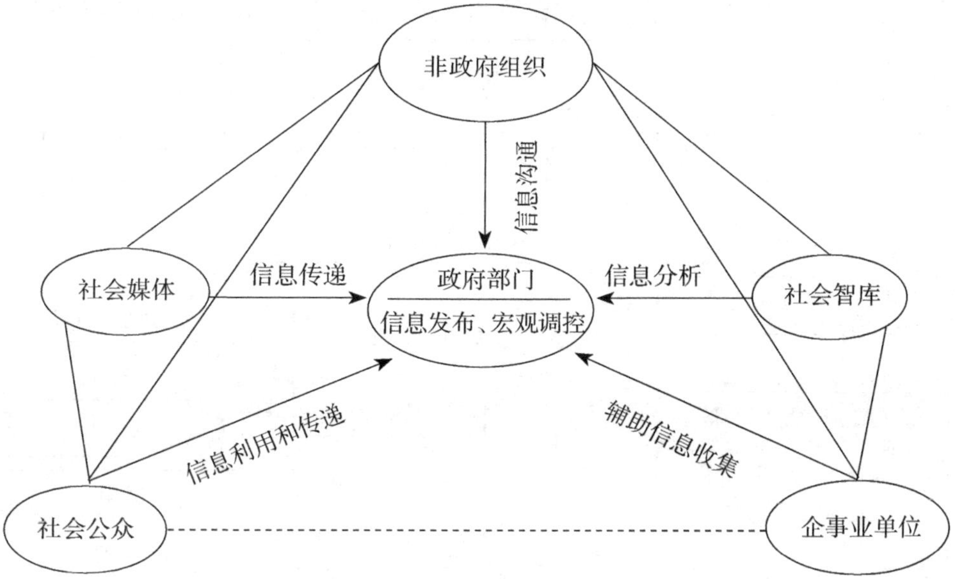

图9-1 应急信息共享机制组织结构

在这样一个多方主体参与的组织机构中，想要顺利推进应急信息跨部门共享，必须一方面有能担负执行任务的中层管理者队伍，另一方面还要有一支能自我管理的一线员工团队。[1]体现在应急信息共享机制的组织构架中就是需要政府和其他非政府组织、企事业单位、社会媒体、社会智库、社会公众在应急信息共享工作中建立起一定的信用机制，并努力创造一种双向信任的氛围，获得双方的理解和认同。只有这样，才能真正在需要的时候，建立起跨部门协作关系。

[1] 龙健. 政府基础信息资源跨部门共享机制研究［D］. 北京：北京大学，2013：154.

传统的应急安全预警采取的是一种分行业、分灾种的预警模式，这样的工作模式并不利于应急信息横向资源整合。这需要通过构建顶层各部门、各单位之间的协同联动工作格局，整合顶层各部门的核心信息资源，建立健全跨部门、跨地区的突发应急事件联动体系，实施协同预警（见图9-2）。只有不断强化政府部门跨区域、跨部门之间的协调联动，才能更好地实现应急信息横向的共用、共享，加强与毗邻城市公共安全预警部门之间的联系，积极参与跨区域的应急信息管理合作。

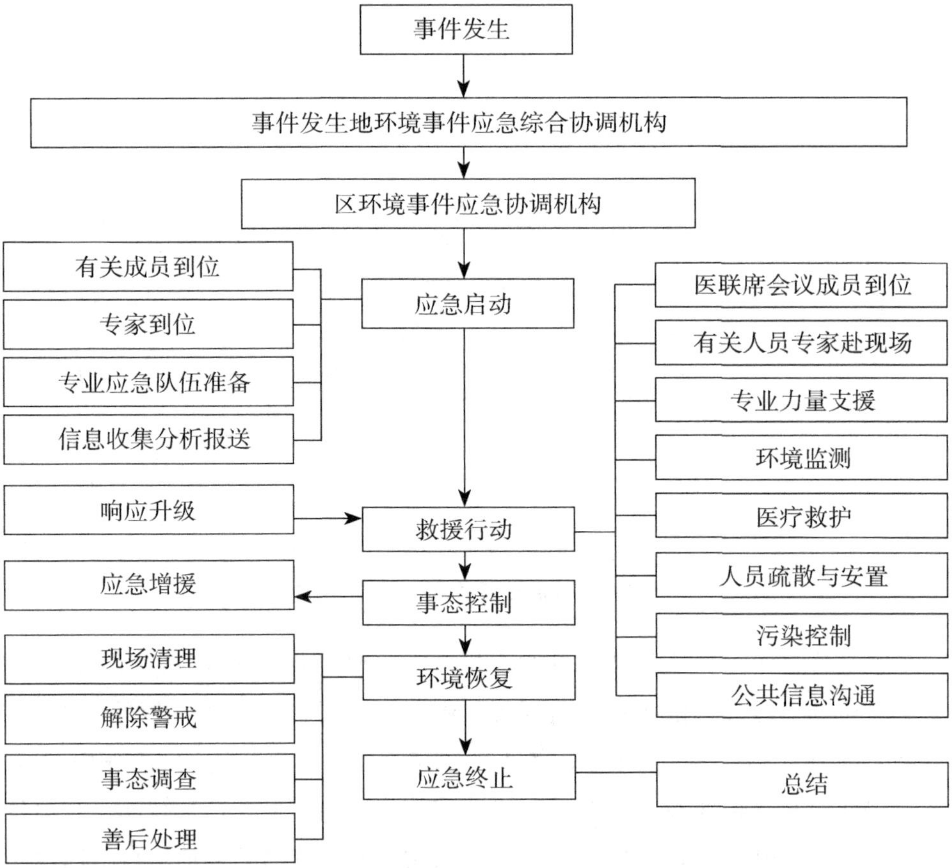

图9-2　跨部门、跨地区的突发应急事件联动体系

第三节 应急信息共享平台

根据以往文献的研究可知，目前许多地区应急平台的建设是游离在应急管理体系之外的，不能与管理主体和响应程序做到很好的对接，缺乏一个权威管理机构加以统筹。由此带来应急平台在应急指挥、协调与行动上的主体不明确、信息沟通机制效率低下等问题。[1]

一、应急信息共享平台的功能架构

应急信息共享平台是为应急信息用户提供灵活方便的服务平台，使各客户端能够方便发布、灵活查询、获取服务。应急信息共享平台服务的最终目标是：设置应急信息服务管理中心，相当于设置一个政务服务总线，形成全局服务目录体系；制定应急信息共享服务策略，服务管理采用集中与分布相结合的策略；在提供应急信息共享服务的基础上，进一步实现扩展计算、存储等服务。

主要可以包括以下几方面的内容：①建设应急信息共享平台统一的服务接口层。②在应急信息共享平台中心节点建设统一的服务管理中心，维护管理全局的服务目录体系，统一管理共享服务的注册与发布。③服务发布采用集中和分布相结合的策略，业务服务分布在各节点的服务器上，由服务管理中心统一管理。④服务管理中心提供全局的服务检索和共享服务查询、获取功能。

应急信息共享平台的业务功能应在有限的经验基础上产生、积累并不断进行知识更新。应急信息共享平台是应急管理体系的核心技术平台，它为各类应急管理主体提供公共性的应急信息服务[2]，由“应急信息服务”和“应

---

❶ 李宇. 从问题着手建设应急平台[N]. 学习时报，2013-11-11（4）.

❷ 郭骅. 社会现代性背景下的城市应急管理情报体系构建研究[D]. 南京：南京大学，2017.

急信息资源数据库”两部分组成，如图9–3所示。

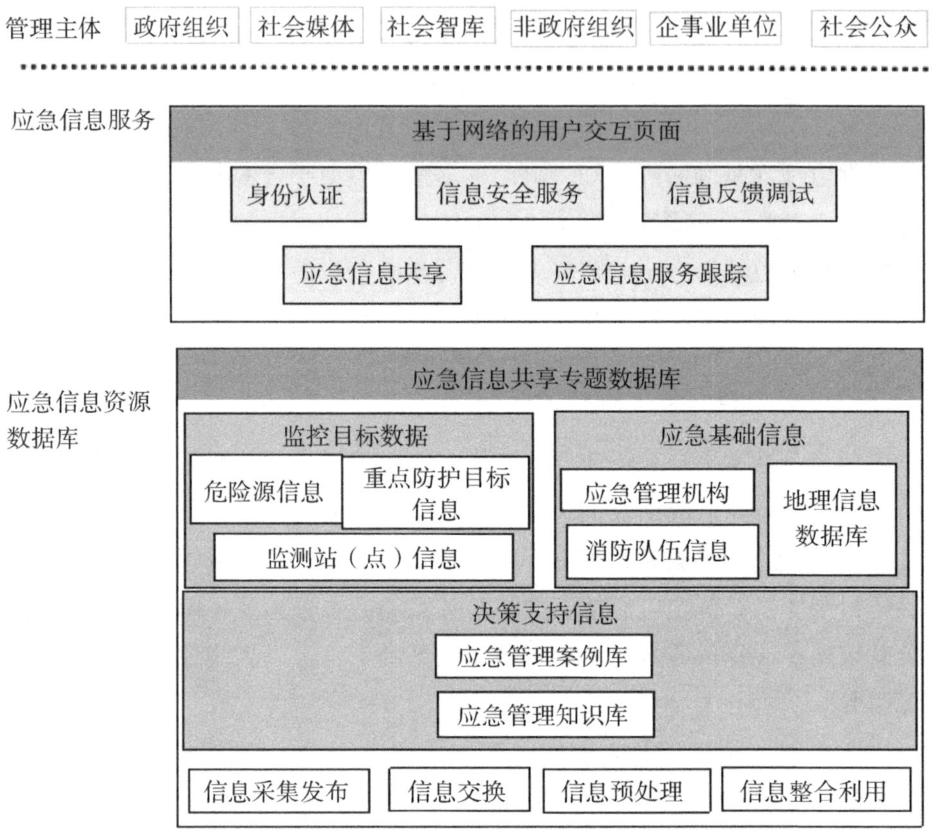

图9–3 应急信息共享平台功能架构图

在图9–3中，“应急信息服务”的功能主要是实现对外部的信息服务及其接口管理。“应急信息服务”这一功能，可以实现身份认证、信息安全服务、信息反馈调试、应急信息共享以及应急信息的服务追踪，并且可以实现不同应急管理主体、不同层级之间的信息交互与共享。

“应急信息资源数据库”的功能主要是实现对应急信息的采集与发布、应急信息交换与传递、应急信息资源的预分析以及对应急信息的整合与利用。应急信息资源数据库部分负责接入来自不同主体和不同行业的应急信息系统的信息。这里的信息多是资源异构信息，数据比较庞杂，所以需要对信息数据进行清洗和筛选，并且支持对外部环境的实时感知。“应急信息资源数据库”主要是对“应急信息服务”提供后台的数据资源服务。应急信息资源数据库应该包括危险源信息及重点防护目标信息、应急管理机构信息以及地理信息数据等应急基础信息，同时还可以根据以往的案例，形成有关应急管理案例库，为应急管理提供决策支持服务。

二、应急信息共享平台的技术架构

我国应急协同中的一个很重大的问题是，缺乏制式化的合作路径，容易导致信息的不对称以及资源的浪费。“信息，对引导系统从无序走向有序起着关键性的作用，因此搭建信息共享平台，可以为组织的自主性扩展提供信息基础，提升应对突发危机的治理能力。”❶

想要构建政府应急信息共享机制，除了需要对顶层设计进行合理规划、划分应急信息数据范围，并确定应急信息共享数据范围，必不可少的一个重要内容就是对我国应急信息共享平台的建设。加快健全完善各级政府部门信息网络平台建设，也就成为政府应急信息共享交互平台建设不可或缺的物质基础。大数据时代应急信息共享平台的建设应该要集不同的应急信息共享主体以及应急信息共享范围为一体，可以集中或者连接不同应急信息共享主体，准确划分应急信息共享的范围，并且该平台还应该与国家应急信息资源库建立连接，以方便政府部门统一规划和管理，从而使我国的应急信息共享工作更合理、有序。

图9-4是对我国应急信息共享平台建设的内部架构的技术设想。此平台的技术架构设想，是希望通过建设一个应急政务服务总线，来连接不同的应急信息共享主体，连接国家应急信息共享资料库，以便查找应急信息共享政策法规等与应急信息有关的数据资源，从而实现对应急信息的宏观调控和合理配置。

❶ 樊博，聂爽. 城市应急恢复中非政府组织的自主性研究——整体性治理视域下的解读[J]. 上海行政学院学报，2016，17（2）：23-33.

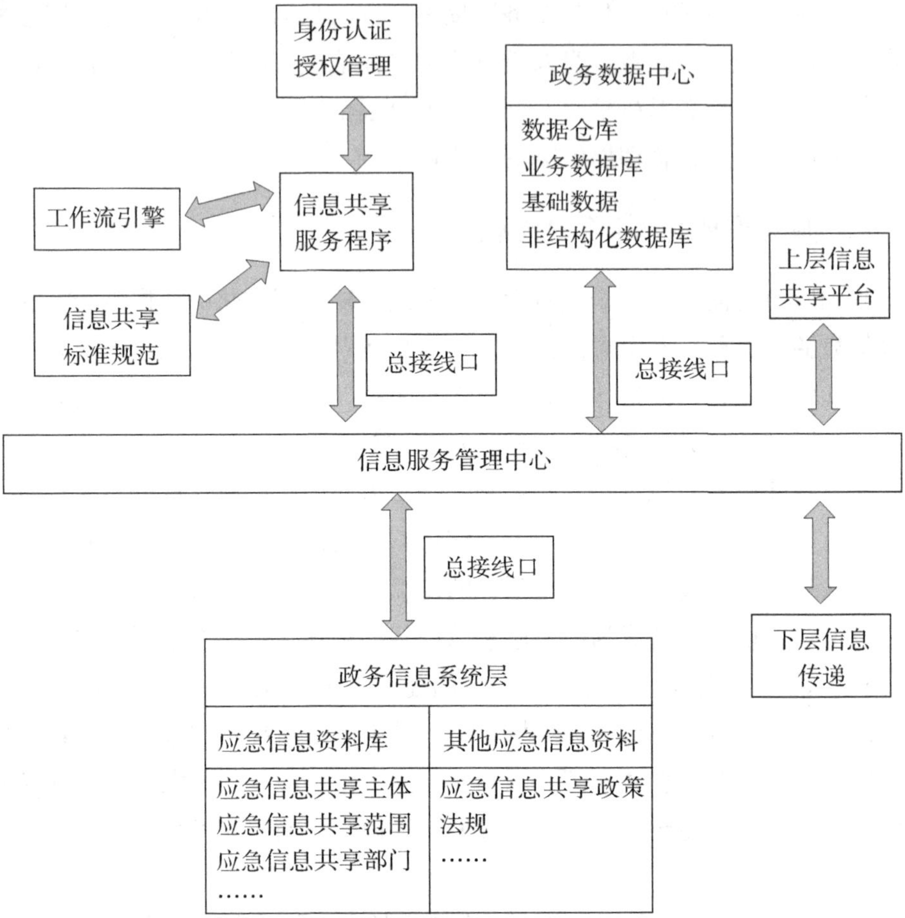

图9-4　应急信息共享平台技术架构图

此应急信息共享平台在整体上分为三层，分别是服务接口层、逻辑管理层和服务部署层。其中，政务信息系统层属于逻辑管理层，这一层就需要集中应急信息共享主体、共享范围和共享部门的信息，将应急信息共享的政策、法规进行集中管理和发布。服务接口层就是总接线口。通过总接线口，用户可以实现对应急信息共享服务的注册、查询和获取功能。服务部署层需要我们在中心节点上建立总的信息服务管理中心，对注册发布的信息进行统一管理，对服务进行统一监控。

第四节 应急信息共享保障机制

为了确保应急信息共享平台的高效顺畅运行，还应该建立相应的应急信息共享保障机制。应急信息共享保障机制包括三方面内容，一是政策法规机制。要确保应急信息共享，政策保障机制必不可少。二是要有激励机制来实现应急信息共享主体之间的利益协调。三是要有监督反馈机制来保证整个运行系统的最优化。

一、政策法规机制

目前，我国在对应急管理法律体系的建设中，基本上确立了以宪法为依据、以突发事件应对法为核心、以相关法律法规为配套的应急管理法律体系，这使得我国的应急管理工作有章可循、有法可依[1]。

我国正处于应急管理机构改革的重要时期，应急管理法律体系建设仍不完善，应急管理法律体系建设面临挑战。具体的挑战主要包括四个方面："第一，我国缺乏应急管理的综合性法律法规，现有的法律法规大多是单灾种或者是分行业的法律法规；第二，救援队伍建设的配套法律法规尚不健全，现有的简单的原则性应急救援队伍建设的管理规定，已经不适应我国目前应急救援工作的开展；第三，缺少跨学科、跨专业领域的立法经验；第四，我国应急管理重点领域环节的标准存在缺失或者老化现象，使得我国的应急管理标准不能很好地与新时代的发展挂钩。"[1]

对应急信息的管理是应急管理十分重要的一部分内容，应急信息管理的法律法规体系是应急信息管理的保障和依据。针对应急信息的管理，我国应逐步建立起多层次的相关应急法律法规体系，使得应急信息共享工作既独立于应急管理法律体系，又依附在管理体系中。经过长期发展，美国的应急管

---

[1] 《中国安全生产》编辑部. 政策法规司：强弱项 补短板 为新时代应急管理工作提供有力法律保障[J]. 中国安全生产，2019，14（2）：20–21.

理体系已发展成比较完善的法律体系。[1]在美国，不同的应急法律针对不同的危机情况，法律规定数量极大，内容详细，体系完备。目前，我国的《国家突发公共事件总体应急预案》（2005年）、《中华人民共和国突发事件应对法》（2007年）、《中华人民共和国政府信息公开条例》（2008年）等相关法律的颁布与实施，在我国重大自然灾害的防灾、减灾、救灾及灾后重建等工作中发挥了越来越重要的作用。[2]但需要指出的是，相关法律法规仍然存在许多问题，缺乏具体的操作规范，我国应急信息管理的法律法规体系建设远不如许多其他国家。

研究证明，目前我国已有的应急管理法律法规不足以凸显出"应急信息共享"的重要性。我国应该加快建立应急信息共享法律法规体系，设立专门的应急信息共享的法律，寻求应急信息共享在立法上的保护。应急信息共享法律法规的制定，涉及多个学科和专业，需要进行跨学科和跨专业的合作，我国在此方面缺乏一定的立法经验，所以要想实现应急信息共享管理制度上的突破，推进政策保障机制的形成，仍需要不断进行实践与摸索。

二、激励机制

应急信息共享激励机制是应急信息高效、准确传播的动力机制，构建应急信息共享激励机制需要坚持的一般原则是奖励和惩戒制度相结合，从而实现应急信息共享主体之间的利益均衡。应急信息共享运行机制成功的关键在于能否设计出可以解决应急信息共享参与主体各方激励与兼容问题的长效机制。

为了能够合理适当地构建应急信息共享激励机制，有必要对可能参与应急信息管理的主体进行职责的规划。通过专家分析与调查可知，应急信息共享主体可以包括政府部门、社会媒体、社会智库、非政府组织、企事业单位以及社会公众。其中政府部门的主要职责就是负责应急信息共享工作的宏观规划，在主体中扮演着决策者和管理者的角色。其他的应急信息共享主体包

---

[1] 曹丽.浅谈国外大数据立法基本情况和我国立法建议［J］.科技风，2017（20）：56.

[2] 李明.重大自然灾害中政府应急信息共享机制研究［D］.湘潭：湘潭大学，2012：21-22.

括社会媒体、社会智库、企事业单位、其他社会自发群体组织以及社会公众等，他们扮演的主要角色是政府组织的辅助者。因为社会媒体具有较强的信息传递功能，社会智库有着较强的信息分析能力，政府在进行应急信息共享和管理的过程中，应与社会组织、社会媒体以及社会智库等应急信息共享主体进行紧密的联系与合作，只有通过这种方式才能更全面、及时地收集到应急信息，做到更好地应急信息管理和共享。

应急信息资源可以划分为有偿和无偿两种形式。对应急信息共享主体进行应急信息资源共享行为，采取有偿奖励的方式，就是对主体的一种激励。使用此方法可以更好地推动应急信息的共享，还可以促进开发应急信息资源的增值效益。奖励补偿的方式应该是多元化的，可以有经济奖励、物质奖励、精神奖励以及行政奖励等。

三、监督反馈机制

为了形成良好的应急信息监督机制，就要构建多元化的监督反馈机制。这里的多元化是指应急信息共享主体的多元化。不同的主体之间应该有互相的监督反馈机制。在任何一个系统中，对主体的监督是必不可少的一项内容。只有形成良好的互动监督的行为规范，应急信息共享行为才可以高效、协调地运转。

所谓的监督机制其实就是对应急信息共享行为的一种制约方式，可以保障应急信息共享与管理活动有序化、规范化。监督机制其实也是对应急信息共享主体的制约，应急信息共享主体参与度广泛，无形之中也是对各主体的一种制约。不仅政府部门的内部需要制定一套很好的监督机制，各主体之间的信息资源共享项目建设同样需要引入社会监督机制。

为确保行政目标的实现，依据法定权限，行政机关有必要对其自身的行政行为和决策进行检查、督促，这也属于政府的一种自我监督。国家和地方各级权力机关有对政府活动行使监督权的职责，因此政府部门间的信息资源共享活动也必然需要权力机关的监督，以便使其既平稳又高效地推进。[1]在

[1] 王维颖. 地方政府部门间信息资源共享模式及推进机制研究[D]. 上海：华东政法大学，2012：37.

构建监督机制过程中需要注意的是，在应急信息共享运行机制构建过程中，要强化对非政府组织的能力建构。非政府组织作为应急信息共享主体，可以发挥出不同于政府部门的作用，弥补政府部门不能及时、高效地获取应急信息的缺陷。所以应强化非政府组织的专业培训并积极提升其专业服务水平，采取激励机制完善组织的人才供给。此外，非政府组织积极参与善后绩效评估的工作，不仅是对自主性的强化，而且是对政府的一种监督，这也有利于达成应急信息治理的协同效益，更好地实现应急管理工作。

第五节　案例分析

随着社会治理从以政府为中心的“一元治理”向社会多方协同互动的多元化转变，多方协作已经成为应对各类社会突发事件的必然发展趋势。突发事件应急管理过程中需要大量的信息支持，因而应急信息共享已成为应急管理中的重要环节。

2018年8月，淮北地区遭受“温比亚”台风袭击，三家运营商基站因停电、光缆中断导致大面积退服。在此期间，因信息不畅通，出行受阻，救援迟缓，损失加剧。为此，淮北市十六届人大二次会议25号文件建议，全市应急办牵头建立城市应急保障信息共享平台，市应急保障成员单位均可在该平台共享信息。市应急办通过该平台统筹各方资源，实时发布重要信息，确保应急保障成员单位能及时获取有用信息，加强沟通协调，在第一时间响应并启动应急预案，合理、有序地开展救援、救灾，提升应急保障和救援能力及救援效率，为应急保障工作的开展提供便利。[1]

2020年11月9日，由黑龙江省应急管理厅、黑龙江省广播电视局、黑龙江省广播电视台共同主办的黑龙江省应急广播平台启动暨黑龙江省应急信息

[1] 人事代表选举工作委员会. 关于建立城市应急通信保障信息共享平台的建议[EB/OL].（2019-03-27）[2019-08-20].http：//www.ahhbrd.gov.cn/content/detail/5c9b275c45cb82e40a000000.html.

共享联盟成立仪式在哈尔滨举行。该平台的启动标志着黑龙江省将实现与国家应急广播中心及部分市县应急广播系统信息联动，搭建起省应急职能相关部门与省广播电视台各媒体平台间应急信息发布、共享的纽带和桥梁。[1]

上述案例表明，应急信息平台是应急管理体系的重要组成部分，是国家应对自然灾害、事故灾难、公共卫生和社会安全等突发事件的重要抓手，发挥着传达政令、发布信息、引导舆论、社会动员、协助救援、稳定人心等重要作用。此外，应急信息的共享能够使参与应急处理的各方加强沟通协作，形成相互的优势补充，提升了协作主体应对和处置突发事件的能力，并对协作过程产生积极的推动效果。

---

❶ 黑龙江省应急管理厅.黑龙江：举行应急广播平台启动暨应急信息共享联盟成立仪式[EB/OL].（2020-11-20）[2021-03-21].http://www.mem.gov.cn/xw/gdyj/202011/t20201110_371589.shtml.

第十章　应急文化与应急信息管理

第一节　应急文化

一、应急文化的概念

应急文化是指人们在应急实践中形成的应急意识和价值观、应急行为规范以及外化的行为表现等。其对社会中出现的危急情况有着持续且重要的影响。应急文化的应用范围十分广泛，覆盖个人、社区、企业、政府、国家等各个不同规模的组织单位。因此，应急文化是组织文化的组成部分。积极有效的应急文化有利于人们主动防灾、减灾，积极备灾、救灾，从而减少灾害风险和降低突发事件损失。

二、应急文化的现实意义

1. 积极引导作用

应急文化作为一种为国际所共同认可的正确价值观，为人们在应对危机情况时提供正确的行为准则，充分发挥文化的引导力量，指引人民群众在危机面前采取有力的措施，以从容的心态解决突发情况带来的一切问题，是应对危机的重要导向力量。

2. 纽带连接作用

应急文化使得人们在面对同一突发情况时有了基本统一的认识，站在不同角度、不同身份的人们可以相互理解，团结一致，拧成一股绳，拥有巨大的向心力和凝聚力，从而促使危机尽快解决。应急文化为各方力量凝聚起来团结一致向前看搭建了坚实的桥梁。

3. 鼓舞激励作用

应急文化并不是凭空而来的，它是人类智慧的结晶。无数应用成功的实践表明人类充分发挥主观能动性和创造性得出的这个伟大创造——积极的文化能够激励人们更加努力进取，为人们在创造的路上提供精神支柱。

4. 规范制约作用

文化作为一种正确的价值观和行为准则，在引导人民群众的同时，也对错误的行为和思想起到了制约和规范作用。应急文化与传统的强制管理制度不同，它虽然也形成了由文字表述的硬制度约束，但是其本质上更强调通过文化对人们形成潜移默化的深刻影响，也就是注重不成文的软约束。[1]

三、应急文化的重要特征

1. 责任文化

应急文化的责任性源于其对人民群众生命和财产的关注。小到个人、组织，大到政府，应急文化都要求其承担应对危机的义务，这既是在尊重个人的生命财产，也是对他人和国家生命财产的尊重。在危机来临之前，应急文化引导人们所做的是如何避免灾害的发生或减少其发生的可能性，以及假定紧急情况发生时的应对措施。包括意识层面和实际行动两方面，意识层面主要是指提高民众危机意识，树立责任意识；实际行动则是在日常生活中将发现并消灭每一个事故隐患作为人人所要承担的责任。如住房建筑等公共基础设施应在对生命高度负责的基础上进行设计与建设，在地震频发的地区，良好的防震建筑会保障居民的生命安全。在危机发生时，对于个人而言，须树立自助和他助的责任意识，尽力而为；对于企业、社会团体和政府而言，此时必须坚定地担负起社会责任的大旗，保护人民群众的生命和财产安全。危机发生后，更要完善应急管理系统，应在专业人员的指导下使应急文化更加地成熟有效，以便在危机再次来临时更好地保障人们的安全。这些都表明应急文化是一种关乎生命的责任文化。

2. 全过程文化

应急文化是一种全过程文化，即它既注重预防，又注重应对。在1997

[1] 朱得. 日本应急文化对我国应急管理的启示[D]. 北京：中国人民公安大学，2017：25–28.

年7月第二次世界减灾大会中，时任联合国秘书长安南提出："我们人类必须由反应文化转变为预防文化。"就应急文化而言，就是要不断完善应急文化，使应急管理工作由被动转为主动，由被动处理危机事故逐步转换为在危机事故的萌芽时期通过观察和推测来预先感知危机，制定应对策略，做到胸有成竹。但是在现实生活中往往存在不可控因素，这种情况下应急文化则更侧重"应对层面"。政府部门统一指挥，对突发事件反应灵敏，科学地组织救援力量，形成协调、高效的救援应对模式。应急文化中的"预防"与"应对"相辅相成，形成了高效、成熟的公共危机应急文化。

3. 日常文化

应急文化渗透于每个人的生活中，因此它具有日常性的特征。随着全球化的不断深入，现代化建设的不断发展也带来了越来越多的不稳定因素，包括自然因素和影响日渐严重的人为因素。这些因素提高了社会的风险指数，也使得应急文化和人们的生活更加息息相关。面对生活中的各种突发情况，人们自觉地树立了危机意识，在潜移默化中学习了危机文化的思想，也正是不断地学习危机文化使得人们能够更加周密、谨慎地应对生活中可能存在的风险，从而更好地处理危机事件。因此，应急文化作为一种日常文化，为人们规避风险、应对困难起到了很大的帮助。

4. 伦理文化

应急文化作为一种国际文化，其本质也展现出了中国注重真、善、美的伦理文化。应急文化的特征之一就是保障人民群众的生命财产安全，而"安全"其实是一种公共资源，保护自身和他人的安全本质上即为一种"善"，将"人"放在首位，尊重生命的人道主义精神是全球共同认可的理念，只是表达方式不同。并且这些危机情况都是真实存在的，甚至有些问题像环境危机和战争隐患等是我们全球共同面对的。从此意义上来讲，应急文化就是通过国际通用语言宣扬在人性善与人权重的价值标准，以尊重人生存的基本权利为出发点，通过对危机的有效预防、应对和危机后的恢复来展现人类社会的共同价值目标——追求真、善、美，批判假、恶、丑。[1]

---

[1] 王宏伟. 社会演进视角下应急文化的溯源与发展[J]. 中国应急管理，2019（2）：20–21.

第二节 应急文化对应急信息管理的影响

应急文化中的资源建设要求应急资源的合理配置，应急物资与现实应急需求的紧密结合，加强公共基础应急设施的建设，而这些基础设施与物资为突发事件中的应急信息管理起到了保障性作用。在应急文化建设中，通过政府安全教育宣传、社区培训、媒体报道等渠道来进行应急知识教育，培养人们的应急意识，让人们掌握应急知识以及应急工作中的社会多元协作与国际协作等合作手段，都会对应急信息管理工作起到至关重要的作用。

应急文化的出发点是深入广大人民群众，提高群众自身在危机应对中的素质和处理能力，由小及大，加强整个地区的应急文化建设，从而在紧急情况发生时，使国家和人民的损失降到最低。从本质上来讲，文化对于社会和人的影响都是在无形中完成的，应急文化更是如此。随着社会各方面不稳定性的增加，应急文化发挥着越来越重要的导向作用。例如，在灾害频频发生的情况下，我们不断提高防灾的应急意识和应急能力；我们提倡提高国民的应急意识，依靠应急文化增强应急能力，使应急文化在鼓励民众的同时又起到一个示范作用，有利于弘扬互帮互助、团结一致的传统美德；应急文化的普及向人们展示了正确的价值观，也对民众起到了一定的约束作用，让人们知道面对危机情况时怎样处理才是最正确的，从而使专业的救援人员在紧张压抑的情况下仍能有条不紊地开展救援，发挥最大作用。[1]

---

[1] 朱得. 日本应急文化对我国应急管理的启示[D]. 北京：中国人民公安大学，2017.

第三节 案例分析

2013 年，青岛发生了输油管爆炸事件。管道泄漏刚被发现时，情况并没有严重到不可控制的程度，只要及时采取有效措施，就可以在很大程度上避免爆炸事故的发生。然而，事实是发现泄漏之后，该信息被一层一层地向上级汇报，直到有关部门做出应对指示，已经是发现泄漏的十几个小时之后了。由于一线工作者没有及时采取有效措施，错过了最佳处置时期，导致泄漏越来越严重，最终酿成了输油管爆炸的惨剧。

信息逐层上报，命令和指示逐级下达，这样的组织方式虽然在一定程度上提升了决策的可靠性，但经过如此长的信息传递过程，也浪费了大量宝贵的应急时间，很多时候甚至会错过最佳处置期，导致事态进一步恶化，最终造成更大的损失。图10-1所示的中国突发事件处理及信息传递模式，清晰地描述了上述突发情况的处理过程。

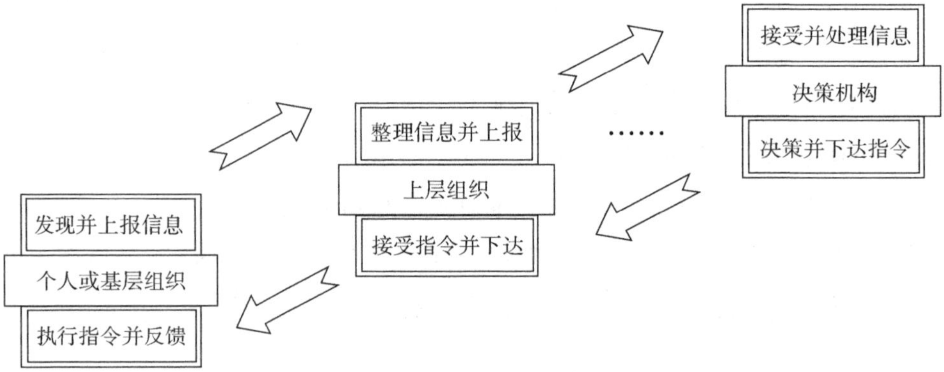

图10-1 中国突发事件处理及信息传递模式

相比于中国，国外在突发事件中更加注重个人的作用，尤其是美国，如图10-2所示，比较崇尚英雄主义；人们在遇到突发事件后，第一时间报告给政府，然后自己将进行下一步行动，认为自己在突发事件中能起到

作用，尽己所能，最大限度去减少损失，而不是静静地等待政府的下一步指令。❶

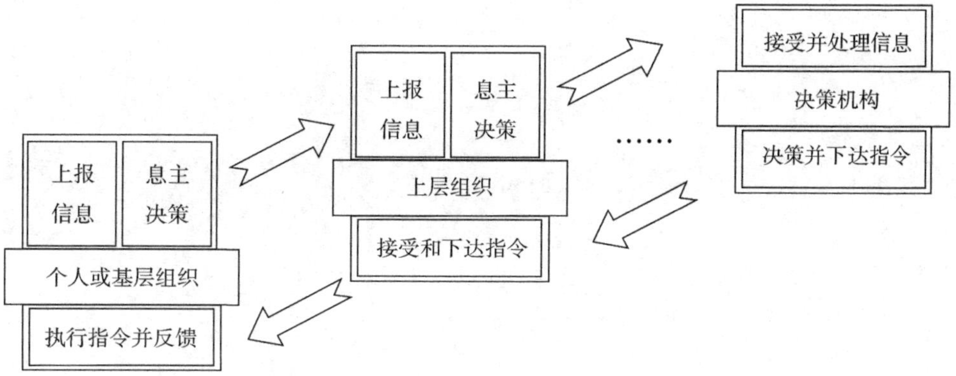

图10-2 美国突发事件处理及信息传递模式

❶ 汪云，迟菲，陈安. 中外灾害应急文化差异分析[J]. 灾害学，2016（1）：226-234.

第二编　应急信息行为

第十一章　自然灾害突发事件中应急信息传播要素信任研究

我国是世界上受自然灾害影响严重的国家之一，自然灾害类型多样，影响范围广泛。我国又地处环太平洋地震带与欧亚地震带之间，地震灾害频繁。中国地震台网数据显示，2018年我国发生地震近900次，分布地域广，发生频率高，灾情严重。我国东部处于季风区，洪涝灾害频发，东南沿海是台风灾害多发区。地震、暴雨、洪水、台风等自然灾害突发事件的频繁发生对人类社会的稳定、发展与进步造成很大影响。自然灾害的突发性、复杂性、衍生性和不确定性，增加了应急信息传播的难度。同时，Web环境下每位用户都是信息的生产者、发布者、接受者和传播者，扩展了突发事件应急信息传播的深度和广度。此外，随着各类监测技术的发展，地震和台风等极端天气是可以提前预测的。在这样的应急信息传播环境中，突发事件信息内容在多渠道的传播过程中高度扩散。突发事件发生后公众对灾害信息和灾情动态等应急信息的需求超过平时。自然灾害应急信息不同于日常信息，其具有减少灾害损失和维护社会稳定的价值。但是，虚假与真实的应急信息的混杂传播会影响公众的情绪以及社会的稳定。因此，在应急信息管理中，权威的应急信息来源、客观且可信赖的应急信息内容、方便快捷的应急信息传播渠道可以保证自然灾害突发事件应急信息的有效传播，提高应对突发事件的应急管理水平，降低自然灾害突发事件带来的生命和财产损害。

应急信息不同于我们日常学习、生活和工作方面的信息，它具有突发性、不确定性、动态变化和时效性极强等特性。大数据和“互联网+”开启了信息传播的新时代，突发事件应急信息传播形成了立体化的信息传播模式，使其覆盖互联网、微博和微信等社交媒体及社会合作媒体等多层次信息传播平台，形成了一对一、一对多的精准化和多元化传播方式。由于自然灾害影响公众的切身利益，容易吸引公众的眼球，公众迫切需要了解突发事件的真相，渴望从多来源、多渠道获得真实、充足的灾害信息。应急信息发生的时间、经纬度、受灾情况、当地的地理环境和人文信息等信息内容通过各种类型的移动新媒体以图文、实时视频、动画等形式呈现出来，同时，新媒体支持转发、评论和推荐等功能，满足公众的多元化信息需求。自然灾害突发事件信息的无组织“爆炸式”增长，真假信息的鱼龙混杂，将增加公众获取应急信息的难度，并可能引起公众的心理恐慌，将会加剧突发事件所造成的不利影响，给公众造成严重的生命财产损失。对应急信息传播信任因素的探讨，有利于提高政府对自然灾害突发事件的治理能力，提高公众应对自然灾害的能力。因此，探索影响应急信息传播信任因素，了解应急信息用户行为变得十分重要。

第一节　应急信息管理中信息传播研究述评

本节对应急信息管理中信息传播的研究，将从应急信息来源、应急信息内容、应急信息传播渠道和应急信息接受者四个研究视角来进行论述，每个研究视角对公众信息行为将产生不同的影响。应急信息接受者对应急信息传播的内容产生信任的态度，并且在信任基础上参与应急信息的传播，将成为应急信息的来源和应急信息的传播渠道。

一、自然灾害应急信息来源的信任度研究

很多学者研究发现，信息接受者对于某一信息来源的信息是否信任在一定程度就会影响其是否相信这一信息来源发布的其他信息内容，这将成为影响信息内容信任度的重要因素，进而影响着信息传播的效果。[1]信息来源

[1] 薛传业，夏志杰，张志花. 突发事件中社交媒体信息可信度研究[J]. 现代情报，2015，35（4）：12-16.

的信任度可以理解为基于信息传播者将信息传播内容在传播来源中展开信息可信度的一种主观判断。[1]对应急信息来源信任的研究，可以增强应急信息接收者对应急信息内容的信赖，有利于应急信息高效及时地传播，有利于应急信息接受者对突发事件的快速应对和处理。很多学者将应急信息来源分为大众媒体、社交媒体、个人和政府及相关灾害管理部门等。其中，大众媒体发布的信息有专门的审核部门把关，提供的信息相对权威、可信并且有价值，成为信息传播的主要来源。[2]随着互联网的发展，公众开始使用互联网获取突发事件的信息。[3]互联网技术打破了大众传播中的不平衡性，用户从被动的信息接受者，变成了内容创造者。“用户创造内容”（User Generated Content，UGC）模式的出现，使信息接收者拥有更多的权利去参与信息内容的创作与交流。这种模式为新媒体成为应急信息传播来源提供了广阔的发展空间。[4]

社交媒体成为越来越重要的应急信息来源。[5]社交媒体为公众接收和发送应急信息提供便利，使其广泛使用并且成为重要的应急信息来源。在自然灾害突发事件的应急信息来源信任度研究中，涉及的社交媒体有推特（Twitter）、脸书（Facebook）、微信、微博等。Dave Yates等[6]以海地地震为研究对象，发现Twitter等社交媒体成为公众在自然灾害突发事件发生后应急信息的重要获取来源。同时，政府部门也注意到社交媒体在应急信息传播

---

[1] 张瀛仁. 网络健康信息可信的研究[D]. 台北：铭传大学，2004.

[2] HEATH R L，LIAO S，DOUGLAS W. Effects of perceived economic harms and benefits on issue involvement，information use and action：a study in risk communication[J]. Journal of public relations research，1995（7）：89－109.

[3] SPENCE P R，WESTERMAN D，SKALSKI P D，et al. Gender and age effects on information seeking after 9/11[C]. Communication Research Reports，2006（23）：217－223.

[4] KIM J. User-generated content（ugc）revolution：critique of the promise of YouTube[D]. Iowa City：University of Iowa，2010：12.

[5] 赵金楼，成俊会. 基于SNA的突发事件微博舆情传播网络结构分析——以“4·20四川雅安地震”为例[J]. 管理评论，2015，27（1）：148-157.

[6] YATES D，PAQUETTE S. Emergency knowledge management and social media technologies-a case study of the 2010 hai-tian earthquake[J]. International journal of information management，2011（31）：6-13.

中的重要性，开始使用社交媒体传递地震灾害中的相关信息。我国公众对政府微博中发布的突发事件应急信息是一种较为信任的态度。[1]例如，在邢台“7·19”洪灾中，政务微博对洪水信息的传播发挥了重要作用。[2]但是由于社交媒体中提供应急信息来源的用户身份模糊，公众不能判别其背后的应急信息发送者身份，所以人们可能怀疑社交媒体中某个信息来源的可靠性，这样对应急信息传播整体的信任度就会下降。[3]对于自然灾害应急信息，有学者还研究了其他来源类型，如Engdahl等[4]研究美国红十字会的调查数据发现，公众认为朋友和家人是他们信赖的信息来源；Reynolds等[5]指出医学图书馆是应对突发事件的重要信息来源。公众选择可信赖的应急信息来源获取应急信息，有利于及时、有效地接收应急信息，杜绝虚假信息和不实信息传播，防止自然灾害发生衍生危害。

对于应急信息来源信任度影响因素的研究多是采用文献分析归纳的方法。例如，Giffin[6]通过文献分析归纳出影响信息源可信度的5个变量——信息权威性、专业性、个人意图、个人吸引力与个人感知，这是20世纪70年代最具代表性的信息源可信度研究成果，为之后相关的研究提供了很好的理论基础。Ohanian[7]指出信息源可信度有3个层次：可信赖性、专业性和用户关

---

❶ 刘雪艳，闫强. 政府微博中的热点事件信息可信度研究[J]. 北京邮电大学学报（社会科学版），2013（2）：6-12.

❷ 郭怡雷. 自然灾害危机的舆论引导问题研究——以邢台“7·19”洪灾为例[J]. 科技传播，2018，10（3）：55-56.

❸ 王一华. 社交媒体信息可信度评估研究综述[J]. 现代情报，2016，36（12）：164-169.

❹ ENGDAHL E，LIDSKOG R. Risk，communication and trust：towards an emotional understanding of trust[J]. Public underst Sci，2014，23（6）：703 - 717.

❺ REYNOLDS P，TAMAMANHA I. Disaster information specialist pilot project[J]. Medical reference services quarterly，2010，29（4）：394-404.

❻ GIFFIN K. The contribution of studies of source credibility to a theory of trust in the communication process[J]. Psychological bulletin，1967（68）：104-120.

❼ OHANIAN R. Construction and validation of a scale to measure celebrity endorsers' perceived expertise，trust worthiness，and attractiveness[J]. Journal of advertising，1990（19）：39-52.

系的相近性。应急信息的动态与复杂性，使公众担心收到的相关应急信息是否可信赖。Hovland等[1]通过做实验的方式来确定影响信息传播来源的可信度因素，结果发现专业权威性和可信赖性是影响信息来源的两个基本因素。专业权威性较高的信息来源传播的信息，会影响信息接收者对信息内容的判断态度。被公众认可的信赖的信息来源发布的信息一般具有影响力和号召力。Lamb等[2]认为，当信息来源是公认的、权威的，公众对应急信息传播的信任就会增加。Arlikatti等[3]发现，公众对权威人士传播的应急信息的可信度高于一般人。根据对文献的回顾，Lindell等[4]认为，可靠的应急信息来源更有可能引起注意并被认为是准确的；并且会根据收到的应急信息的严重程度采取相应的措施。那些低可信度的应急信息来源可能导致公众对应急信息的不信任，因而需要从其他信息源再次获取应急信息以确认其真伪。公众对收到的应急信息的可信度的判断，首先受到已经被认可的人（即使是公众不认识的人）发布的应急信息的影响，像某领域专家的微博，由于公众对其专业和权威性的认可，从而相信其所发布的信息是真实可信的。研究发现，如果公众通过认知和经验判别后知道某些信息来源（朋友或某领域专家）的信息是可信的，则该信息更有可能被认为是权威、可信的。[5]而亲戚朋友、某领域的专家和有链接信息、有网址、有识别码的官方网站等，都可以成为应急信息来源的权威性推断标准。

---

[1] HOVLAND C I，JANIS I L，KELLY H H. Communication and persuasion[M]. New Haven CT：Yale University Press，1953.

[2] LAMB S，WALTON D，MORA K，et al. Effect of authoritative information and message Characteristics on evacuation and shadow evacuation in a simulated flood event[J]. Natural hazards review，2012（13）：272–282.

[3] ARLIKATTI S，LINDELL M K，PRATER C S. Perceived stakeholder role relationships and adoption of seismic hazard adjustments[J]. International journal of mass emerg enciers & disasters，2007，25（3）：218–256.

[4] LINDELL M K，PERRY R W. Communicating environmental risk in multiethnic communities[M]. Thousand Oaks，CA： Sage Publications，2004.

[5] HILLIGOSS B，RIEH S Y. Developing a unifying framework of credibility assessment：construct，heuristics and interaction in context[J]. Inform process and manage，2008，44（4）：1467–1484.

二、自然灾害应急信息内容的信任度研究

很多学者都证实了应急信息内容对应急信息传播的总信任度的重要作用。自然灾害应急信息传播涉及不同的区域、不同的部门和不同的人群。McKnight❶提出，在地震、海啸和飓风等应急突发事件中，应急信息内容包含灾害信息、地理信息、人文信息、基础设施信息和生活习俗等信息。Glik❷指出，应急信息内容的完整性对于提高突发事件的传播信任度非常重要。应急信息应包含突发事件发生的时间、地点、范围与灾害情况，灾害发展态势的评估，即是否还在持续以及持续时间，当地气候变化、地理状况等。自然灾害一般是一定区域发生的突发事件，受灾群体为整个区域的公众。Lamb等❸指出，应急信息内容准确、简单、清晰和权威的传播，有利于公众及时采取措施面对自然灾害。Hansen等❹的研究表明，应急信息内容中含有情绪倾向的词汇会影响应急信息的传播。Liu等❺研究新浪微博中关于玉树地震和舟曲泥石流等突发事件中的应急信息传播发现，专家型用户发布的应急信息内容可信度和客观性较高；客观性应急信息比主观性的应急信息更容易传播❻。在应急信息传播中，不止应急信息内容本身影响应急信息传播效果，应急信息内容的重复和传播信息的真假等都会影响应急信息传播的信

---

❶ MCKNIGHT M. Health sciences librarians' reference services during a disaster: more than just collection protection[J]. Medical reference services quarterly, 2006, 25(3): 1-12.

❷ GLIK D C. Risk communication for public health emergencies[J]. Annual review of public health, 2007, 28(1): 33-54.

❸ LAMB S, WALTON D, MORA K, et al. Effect of authoritative information and message characteristics on evacuation and shadow evacuation in a simulated flood event[J]. Natural hazards review, 2011, 13(4): 272-282.

❹ HANSEN L K, ARVIDSSON A, NIELSEN F A, et al. Good friends, bad news-affect and virality in twitter[J]. Future information technology, 2011(4): 34-43.

❺ LIU Z, LIU L, LI H. Determinants of information retweeting in microblogging[J]. Internet research, 2012, 22(4): 443-466.

❻ 夏志杰，吴忠，栾东庆. 基于社会化媒体的突发事件应急信息共享研究综述[J]. 情报杂志，2013，32(10)：122-126.

任度。如侯东阳等[1]对台风、地震等自然灾害案例的分析认为，在自然灾害信息传播的过程中，信息内容的夸大和不适宜都会影响应急信息传播效果。赵俊等[2]以雅安地震信息传播为研究主题，指出应急信息传播中应急信息的不可检索性、重复和不实将影响公众对应急信息的信任。以上内容是反映自然灾害突发事件应急信息内容影响应急信息传播信任度的研究。

关于应急信息内容的信任度研究，学者们多是从贝叶斯网络结构、决策树、机器语言等方面入手。Castillo等[3]通过对推特热点话题的情感词数量和标签内容等消息特征、年龄和微博数等用户特征、URLs的话题特征、传播深度和初始话题微博数量的传播特征进行分析，利用决策树分类方法来评估热门话题的可信度。Manish Gupta等[4]学者基于图论的事件优化方法，对推特媒体中传播的事件信息可信度进行计算。高雅[5]对微博新闻事件信息的可信度研究发现，信息内容的完整性影响事件初始的信任度。信息中是否包含URL、有无文字和图片、视频和文本中是否包含@提及等亦会影响新闻信息的可信度。应急信息内容是突发事件应急信息传播的内容呈现形式，具备可检索、可识别内容特征的自然灾害突发事件应急信息，有利于公众在应急信息传播中进行信任度判断。

三、自然灾害应急信息传播渠道的信任度研究

关于自然灾害突发事件中应急信息接受者对应急信息传播渠道的可信度研究，国外早于国内。国外学者主要研究推特、脸书等社交媒体在自然

---

[1] 侯东阳，文琼瑶. 自然灾害中的危机传播[J]. 青年记者，2014（35）：41–42.

[2] 赵俊，霍良安. 新媒体影响下的危机信息传播问题研究——以雅安地震为例[J]. 上海管理科学，2013，35（4）：85–89.

[3] CASTILLO C，MENDOZA M，POBLETE B. Information credibility on Twitter［C］// Proceedings of the 20th international conference on world wide web. New York：ACI，2011：675–684.

[4] MANISH GUPTA，PEIXIANG ZHAO，IAWEI HAN. Evaluating event credibility on Twitter[D]. University of illinois at Urbana champaign，2012：4.

[5] 高雅. 微博新闻事件信息可信度评价[D]. 长春：吉林大学，2013.

灾害应急信息传播中的信任度。[1]应急信息传播渠道可以概括为两类，一种是大众媒体，另一种是新媒体。探究者以某种自然灾害突发事件为研究对象，将应急信息传播中的每一种传播媒介进行对比，分析媒介渠道对应急信息传播总体信任度的影响。目前，大多数的研究结果表明，大部分公众在自然灾害突发事件中比较喜欢通过网络渠道获取可信的应急信息，但有一部分公众仍然严重依赖大众媒体，如电视和广播，特别是在飓风类自然灾害应急信息传播中电视的信任度更高。Deyoung等[2]和Taaffe等[3]研究发现，最常用于飓风疏散信息传播的应急传播渠道首先是电视，其次是无线电广播和手机。自然灾害中有些灾害具有可监测性，相关应急部门可以通过电视媒体与通信网络，有选择性地将自然灾害应急信息发送给将要受到自然灾害影响的地区。电视和手机信息传播可以提高应急信息传播的覆盖面积。同时，手机接收应急信息也是一种关键的应急信息传播渠道，例如当传感器检测到地震将要发生时，相关部门及时将应急信息发送给手机用户，这种应急信息传播的速度可能比地震更快，便于应急信息接收者通过这样一个小的窗口及时接收到可以信任的应急灾害信息，以便公众及时做出灾害应对反应。

社交媒体自2005年第一次在卡特琳娜飓风中用于应急信息传播以来，应急管理领域就对其应用于应急信息传播产生了浓厚的兴趣。社交媒体相比传统媒体，它可以提供及时和广泛的应急信息。新媒体环境下，应急信息的传播，大众媒体（如电视、广播）与新媒体（如推特、脸书、微博、微信等）和政府部门的应急信息传播都属于主导性的信息传播，而公众应急

---

[1] AL-SAGGAF Y，SIMMONS P. Social media in Saudi arabia：exploring its use during two natural disasters [J]. Technological forecasting & social change，2014（95）：3-15.

[2] DEYOUNG S E，WACHTENDORF T，FARMER A K，et al. NOAA radios and neighbourhood networks：demographic factors for channel preference for hurricane evacuation information [J]. Journal of contingencies and crisis management，2016，24（4）：275-285.

[3] TAAFFE K，GARRETT S，HUANG Y H，et al. Communication's role and technology preferences during hurricane evacuations [J]. Natural hazards review，2012，14（3）：182-190.

信息的传播是一种主动性应急信息传播。[1]李晓静等[2]从社会化媒体可信度研究视角发现，社会化媒体的使用频率、用户获取信息的动机和使用经历都对可信度有影响。新媒体融合时期，对于自然灾害突发事件信息传播过程中，以互联网为平台的新媒体应急信息传播成为突发事件实时传播的第一媒介。王晰巍等[3]以雅安地震为例研究自然灾害信息传播路径时发现，自然灾害信息传播的渠道是复杂多样的，并且不同渠道的信息传播效果是不同的。其中微博用户交流更为频繁，应急信息的传播速度也更快、影响范围亦更广。赵英等[4]研究发现，在重大突发事件中，微博和微信是最具影响效果的应急信息传播媒体。Spiro等[5]以海地大地震为研究对象发现，公众乐于利用推特等社交媒体传播应急灾害信息并使其成为主要的应急信息传播渠道。

社交媒体提供了一种重要的双向通信通道，它在应急突发事件中为公众与公众、公众与政府、公众与社会组织之间大规模的交互信息传播创造了条件，从而使应急信息可以在短时间内传播。蔡婉婷[6]以雅安地震为例，分析微博在自然灾害应急信息传播中的特点及作用——微博发布的信息具有及时性、较强的交互性和不受空间限制的移动性，故被广泛应用于自然灾害应急信息传播中；同时，她还指出自然灾害发生初期是公众对应急信息需求的

---

❶ 陶方林. 突发事件中信息传播主体的特性分析[J]. 情报杂志，2011，30（6）：56-60.

❷ 李晓静，张国良. 社会化媒体可信度研究：理论探讨与实证分析[J]. 新闻大学，2012（6）：105-114.

❸ 王晰巍，文晴，赵丹，等. 新媒体环境下自然灾害舆情传播路径及网络结构研究——以新浪微博“雅安地震”话题为例[J]. 情报杂志，2018，37（2）：110-116.

❹ 赵英，范娇颖. 大学生持续使用社交媒体的影响因素对比研究——以微信、微博和人人网为例[J]. 情报杂志，2016，35（1）：188-195.

❺ SPIRO E S，FITZHUGH S，SUTTON J，et al. Rumoring during extreme events：a case study of deepwater horizon 2010[C]// Proceedings of ACM Web Science Conference，2012：275-283.

❻ 蔡婉婷. 突发自然灾害的微博舆论影响与引导——以四川雅安地震为例[J]. 新媒体与社会，2014（3）：234-246.

高峰。公众在遇到自然灾害突发事件如地震时，通过社交媒体如微博与微信等可实时报告道路被地震损害的程度，以及道路是否能安全通行等情况，这些对自然灾害地震的救援工作和在挽救公众生命方面非常重要。研究学者发现，即使社交媒体在应急突发事件中有重要的作用，公众对每一种不同的应急信息媒体传播渠道也有不同的选择。有些公众仍然信任大众媒体（如电视和广播等）。尤薇佳等[1]研究发现，Web信息传播渠道在应急信息传播信任方面存在明显的差别。因此，今后应急管理人员和其他相关决策者应该把社交媒体作为传统大众媒体的补充，通过建立政务社交媒体来传播应急信息。例如选择推特、脸书、微博、微信公众号等来实时发布公众关注的地震、台风、飓风、洪水等自然灾害应急信息。

四、自然灾害应急信息接受者的信任度研究

在应急信息的信任度研究方面，学者们还从应急信息接受者出发，研究了性别、年龄、教育水平、收入情况等人口特征对应急信息信任度的影响，如公众偏向使用哪些信息来源作为获取应急信息的来源和倾向哪种渠道获得应急信息[2]。Deyoung等[3]在研究飓风疏散应急信息传播时发现，性别和年龄影响公众获取飓风应急信息渠道的范围，其中女性公众和年轻居民更加关注飓风信息。Allen等[4]认为，有效的应急信息传播可以预防自然灾害发生后的灾害蔓延趋势，作者通过对美国蒙大拿州和亚拉巴马州居民在遇到危机事件时的信息获取行为进行研究，采用多项Logistic回归分析方法，对公众的年

---

❶ 尤薇佳，李红，刘鲁. 突发事件Web信息传播渠道信任比较研究[J]. 管理科学学报，2014（2）：19–33.

❷ 姚乐野，胡康林. 2000—2016年国外突发事件的应急信息管理研究进展[J]. 图书情报工作，2016，60（23）：6–15.

❸ DEYOUNG S E，WACHTENDORF T，FARMER A K，et al. NOAA radios and neighbourhood networks：demographic factors for channel preference for hurricane evacuation information[J]. Journal of contingencies and crisis management，2016，24（4）：275–285.

❹ ALLEN K C，SUBERVI F. Prevention of post-disaster sequelae through efficient communication planning：analysis of information seeking behaviours in Montana and Alabama[J]. Public health，2016，140（10）：268–271.

龄、性别、教育程度、婚姻状况和收入情况与应急信息获取途径（电视、广播、网络、报纸/印刷品、邻居等）进行分析验证，发现在灾难或紧急情况发生时，年龄较大的人群在灾难或紧急情况下更有可能使用电视或收音机获取应急信息。学历较高的公众和收入较高的公众更有可能选择互联网来获取应急信息。具体表现在大学毕业生使用互联网和广播的可能性分别是高中毕业人群的2.5倍和1.6倍；年收入高于7.5万美元的人群更倾向于使用互联网作为应急信息获取渠道。Parker等[1]研究发现，成功的洪水应急预警信息的传播应该是针对不同的公众制定不同的应急传播内容，应该考虑公众有没有洪水经历、年龄差异、性别和种族差异以及不同的教育水平等因素。王珩[2]认为，公众自身的因素影响自然灾害应急信息的传播。同时，由于应急信息接收者的文化程度、年龄和民族不同，应急信息的传播内容也应不同，应该精准挑选应急信息的传播渠道，使公众及时有效地获取应急信息。[3]应急信息接受者所在的位置也将对应急信息的传播内容有影响。[4]这些因素都对应急信息接收者选择应急信息来源和应急信息的传播渠道产生影响，最终会影响应急信息传播的总体信任度。此外，公众将手机作为获取移动互联网信息的终端。截至2018年年底，公众通过手机接入互联网的比例为98.6%，我国在线政务服务用户规模达3.94亿。[5]公众自身的因素、应急信息的来源及应急信息传播渠道是影响应急信息传播总体信任的主要因素。

[1] PARKER D J，PRIEST S J，TAPSELL S M. Understanding and enhancing the public's behavioural response to flood warning information[J]. Meteorological applications，2009，16（1）：103 - 114.

[2] 王珩. 自然灾害中的危机传播策略[J]. 传播与版权，2015（9）：172–174.

[3] 曹飒. 基于互联网的地震信息精准与定向传播研究[J]. 国际地震动态，2015（1）：19–23.

[4] ALADHADH S，ZHANG X Z，SANDERSON M. Location impact on source and linguistic features for information credibility of social media[J]. Online information review，2019（1），89–112.

[5] 第43次《中国互联网络发展状况统计报告》［EB/OL］.［2019–03–01］. http：//www. cnnic. net. cn/ hlwfzyj/hlwxzbg/hlwtjbg/201902/t20190228_70645. htm.

第二节　应急信息管理信息传播信任因素实证分析

一、问卷设计

本调查问卷由11个题项组成，分为三部分，内容如下文。

（一）题项分析

第一部分是基本信息，共4个题项，其中人口特征有性别、年龄、学历和职业，年龄和学历呈对应阶段，这样有利于后期的数据筛选。在职业选项中，除了设定学生、国家机关或事业单位工作人员、公司或企业工作人员、自由职业者和农民之外，还设定与应急信息传播相关的职业灾害信息员。基本信息是对问卷收集人群的一种描述分析，是为了判断调查问卷在收集过程中是否覆盖全部人群，是对样本人群的一种定位。

第二部分是对自然灾害应急信息传播情况的了解，共6个题项。通过这部分问题的设置，主要是想了解被调查者是否经历过或听说过自然灾害突发事件，从这一题项可以判断收集回来的问卷是否适合于本文后面的数据分析，被调查者比较相信的应急信息内容类型，自然灾害应急信息传播的渠道方式，对自然灾害事件发生后接收到的应急信息内容是否有转发和评论的经历。转发和评论是自然灾害应急信息传播的一种表现；同时，转发和评论观点也是对应急信息信任的一种反应。因为只有相信接收到的自然灾害应急信息内容是真的，才会有转发行为。通过获取应急信息的时间题项，可以了解被调查者获取应急信息的时间，据此可以进一步了解自然灾害突发事件发生后哪个时间段是应急信息传播的高峰期。了解清楚这一题项可以为制定提升自然灾害应急信息传播信任度的对策提供方向。而作为应急信息管理者，应该更加关注应急事件发生后高峰期内传播的应急信息内容。最后一个题项是为了了解被调查者是通过几种渠道去接收应急信息内容的，如果两种以上的多，说明应急信息的接收者对收到的应急信息是进行了信任度辨别的，并非认为接收到的所有应急信息都是可信的。

第三部分是开放问题，共1个题项，以填空的形式来获取公众信任的自然灾害应急信息传播渠道。

（二）样本数量

对于调查问卷的样本数量，如果是进行影响因素分析，问卷题项数量与样本数量的比例为1：5~1：10；如果被调查者总数在300人以上，那么对于前边要求的样本比例就不是那么重要了。[1]本问卷设置的题项为11道，因此，220~440份样本即可满足因素研究的样本要求。

二、问卷收集与统计

本问卷通过问卷星（https://www.wjx.cn/）网络在线收集数据。被调查者根据自身对自然灾害突发事件应急信息传播影响信任因素情况进行问卷的填写。本问卷调查过程分为预调研和正式调研两次。预调研问卷回收10份，正式调研问卷共回收319份。通过人工筛选，剔除不合格问卷11份，有效问卷共308份，问卷合格率达96%。同时，308份样本数量亦在220~440之间，符合样本数量的要求。

在线调研是一种随机概率抽样，不清楚参与问卷的主体。因此，在收到调查问卷的人群中，只有那些对该主题感兴趣或想要帮助调研者的人才会参与和完成在线调查问卷的填写。表11-1是对自然灾害应急信息传播信任问卷样本的描述性数据，该描述性数据在一定程度上反映了问卷数据是否真实有效。在问卷收集过程中，男性（124人）和女性（184人）的样本数量差距有点大，女性样本比例比男性多19.48%。其实，这并不奇怪，因为有研究者发现女性比男性更有可能参与在线调查。[2]有偏见的数据可能会影响研究结果的准确性。然而，在自然灾害应急信息传播信任因素研究中，没有研究性别对应急信息传播信任因素的影响，所以这一指标的差距不会影响本研究结

[1] 吴明隆.SPSS统计应用实务问卷分析与应用统计[M].北京：科学出版社，2003：24.

[2] CURTIN R，PRESSER S，SINGER E. The effects of response rate changes on the index of consumer sentiment[J]. Public opinion quarterly，2000（64）：413-428.

果。同时，根据问卷星中参与问卷调查的公众IP地址可以了解到，本次问卷调查覆盖范围广，参与问卷人群分布在16个省、3个自治区、3个直辖市。其中，参与较多的省是黑龙江省，占比为12.01%；较多的自治区是宁夏回族自治区，占比为24.35%。

表 11–1　自然灾害应急信息传播信任样本描述性数据

分析项	具体指标项	总数（人）	比例（%）
性别	A. 男	124	40.26
	B. 女	184	59.74
年龄	A. 5~16 岁	5	1.62
	B. 17~28 岁	93	30.19
	C. 29~50 岁	196	63.64
	D. 50 岁以上	14	4.55
学历	A. 高中及以下	47	15.26
	B. 大专	52	16.88
	C. 本科	124	40.26
	D. 硕博士生	71	23.05
	E. 其他	14	4.55
职业	A. 学生	37	12.01
	B. 国家机关或事业单位工作人员	96	31.17
	C. 公司或企业工作人员	90	29.22
	D. 自由职业者	48	15.58
	E. 农民	15	4.87
	F. 灾害信息员	0	0
	G. 其他	22	7.14

三、结果分析

本小节主要是对问卷调查的第二部分“自然灾害应急信息传播情况”所收集来的数据进行描述性分析。

第一个题项是对被调查者遇到或者听说过哪些种类的自然灾害情况进行统计，如图11-1所示。这一项是样本数据筛选的重要指标，如果这项不填写，该样本就是无效的。同时，从这一题项也可以了解到公众受哪种自然灾害的影响比较大。地震灾害排在第一位，这可能跟大家的认知有关系，虽然不是被调查者中的每一个人都经历过地震灾害，但是公众对几次大的地震的印象比较深刻，如唐山大地震、汶川地震等。其他种类的自然灾害差异不大。

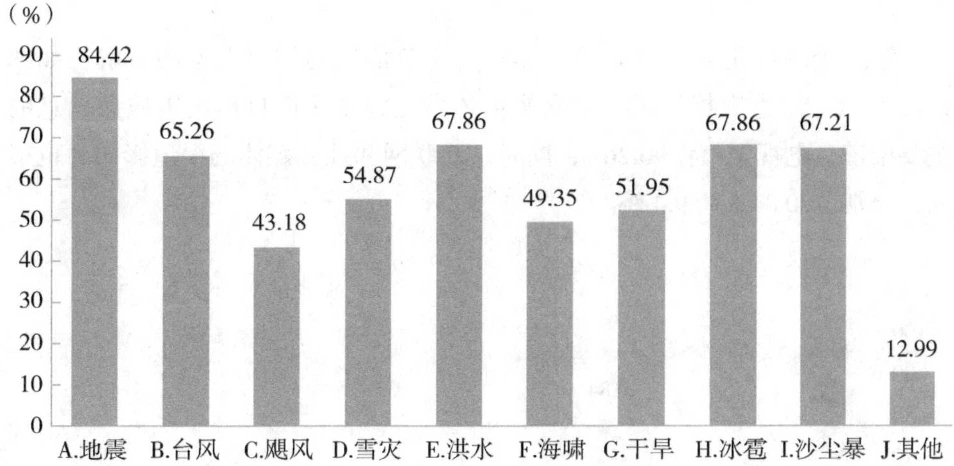

图11-1　公众对自然灾害类型认识比例

第二个题项是描述公众对应急信息类型的信任度，如图11-2所示。从图中可以看出，应急信息接收者倾向于相信视频类型的应急信息，占82.14%；其次是有图、有文字的应急信息，占71.43%。应急信息传播内容形式在一定程度上影响应急信息传播的信任度。

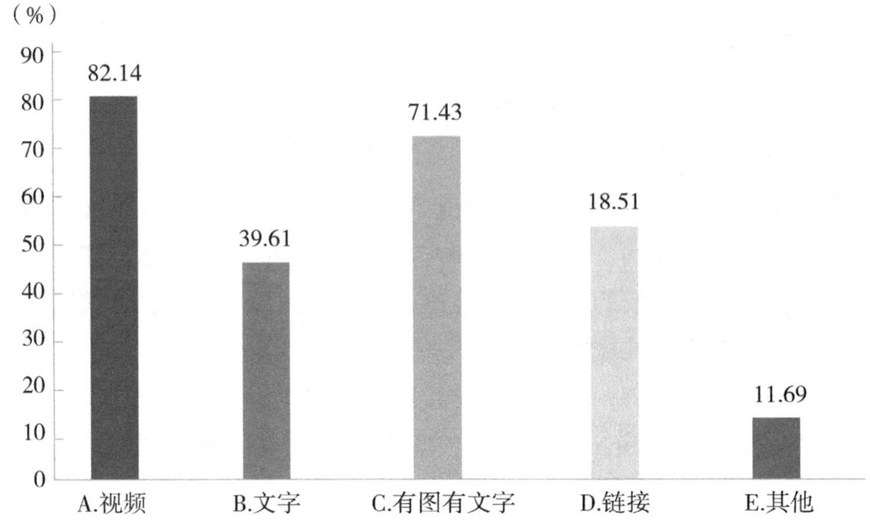

图11-2 公众信任的应急信息内容载体类型比例

第三个题项是对公众获取自然灾害应急信息的渠道类型的了解，如图11-3所示。调查数据显示，大众媒体依然是公众获取自然灾害应急信息的主要渠道，电视渠道占90.26%，同时，互联网和社交媒体的渠道影响力也很大，分别占80.84%和59.42%。

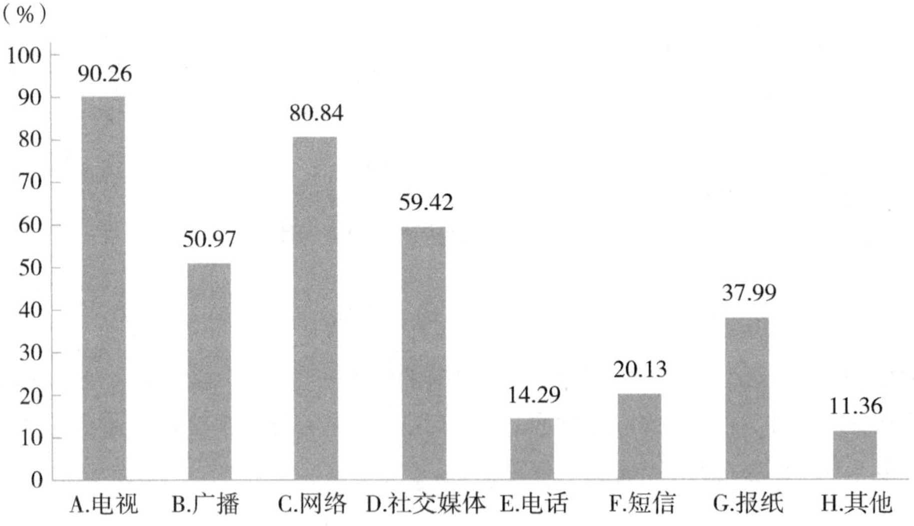

图11-3 公众获取自然灾害应急信息的渠道

第四个题项是了解公众是否有转发或者评论应急信息内容的行为，如图11–4所示。有学者研究发现，转发和评论应急信息内容在一定程度上反映了他们对应急信息内容的信任度。且转发或者评论应急信息内容，是应急信息传播总体信任度的一项指标。

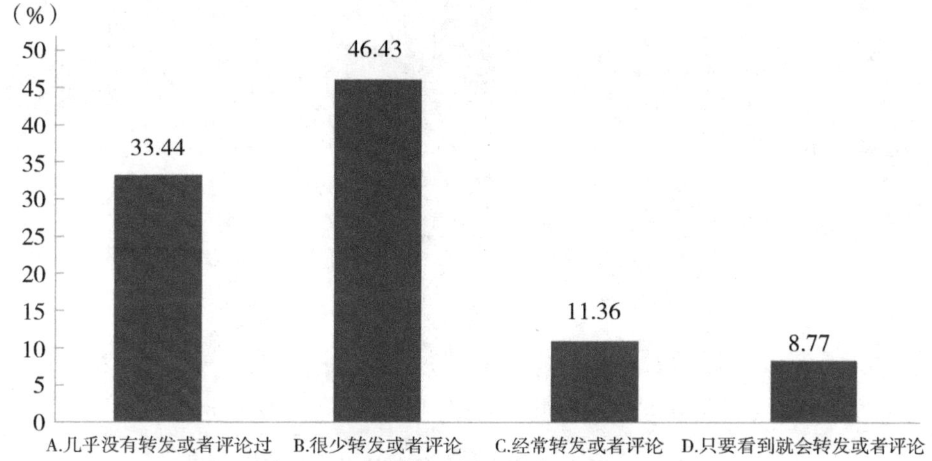

图11–4　公众转发或者评论应急信息内容的行为数据

第五个题项是对公众获取应急信息的时间数据进行收集，如图11–5所示。从数据显示看，某种自然灾害发生后，马上就进入公众应急信息需求的高峰期。因此，为了提升应急信息传播的总体信任度，就要对突发事件发生后的应急信息传播内容、应急信息传播渠道以及公众获取应急信息的来源进行监督、引导和控制。

第六个题项是为了了解公众对接收的自然灾害应急信息是否进行了多渠道的信息辨别，如图11–6所示。其中，会选择两种渠道的占48.7%，3种及以上的占39.94%，这说明公众对于接收到的关于自然灾害的应急信息都会进行真假验证，其实这种行为是公众对应急信息渠道信任度的一种再选择。如果从某种渠道获取的应急信息多次不可信，公众以后对从这种渠道获得的应急信息的信任度就会降低，也可能会放弃这种渠道，选择新的应急信息获取渠道。

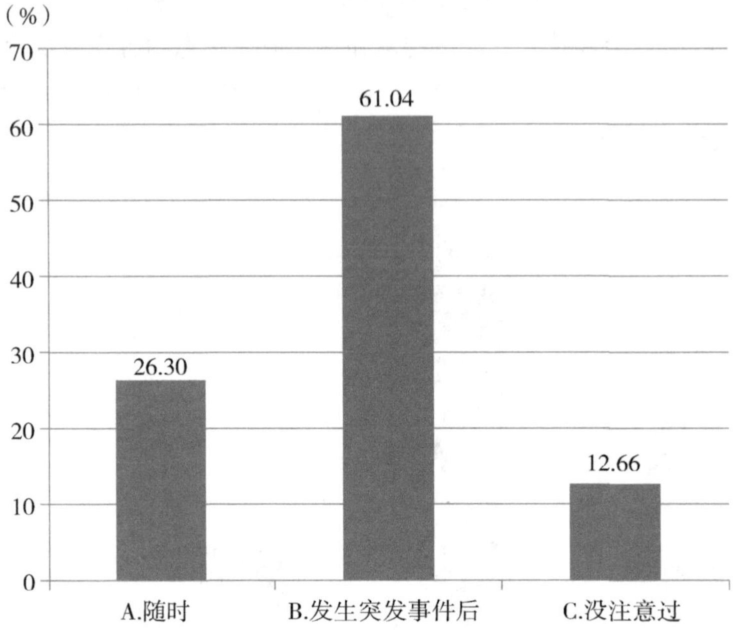

图11-5　公众获取应急信息的时间范围

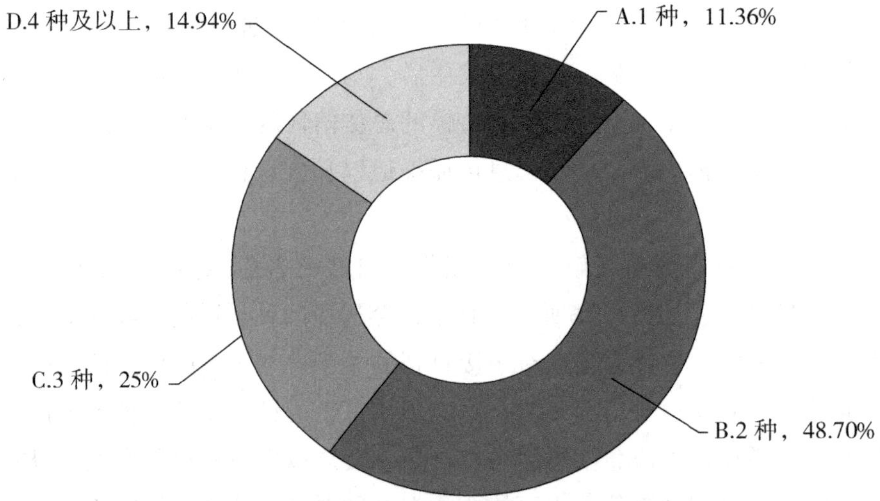

图11-6　公众选择辨别应急信息内容的渠道数量

第三部分是调查公众信任自然灾害应急信息传播渠道的类型，如图11-7所示。了解公众应急信息传播的信任行为，有利于提高应急信息管理能力。调查发现，公众倾向于选择权威的、认可力强的应急信息传播渠道，这也督促政府完善自身的应急传播力，提升自身的治理能力。

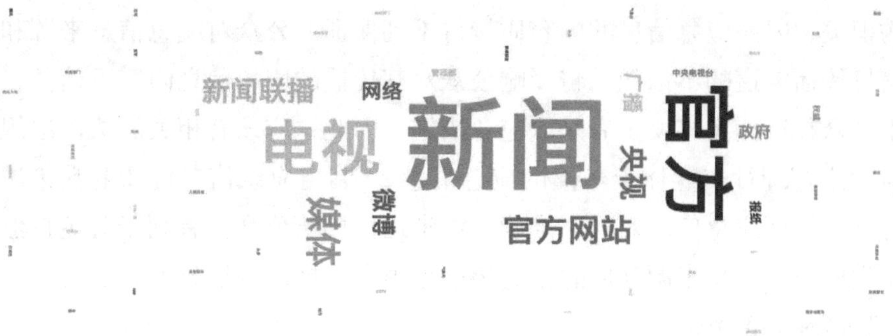

图11-7　公众信任的自然灾害应急信息传播渠道类型

第三节　提升突发事件应急信息传播信任度的对策

一、完善自然灾害突发事件应急信息传播政策

应急信息是一种关乎公众生命和财产的信息。随着移动互联网的发展和移动客户端的普及使用，每个人都可能成为信息的生产者、传播者和接收者。这种外部环境给应急信息传播带来了便利，也提出了挑战，既保证了应急信息传播中的应急信息来源和应急信息传播渠道的多样化，又导致应急信息内容的急剧增多。积极的应急信息传播政策有利于保证外部环境对应急信息信任度的正面影响，有利于对应急信息来源、内容、渠道和接受者等应急信息传播各要素进行规范。因此，完善应急信息传播的政策十分必要。

（一）利用政策法规对自然灾害应急信息传播各要素进行规范

制定应急信息传播的标准、流程和法规，可以更好地管理应急信息来源和应急信息传播渠道上提供的应急信息内容。大众媒体有媒体主管部门把关，传播的应急信息内容信任度比较高；社交媒体传播的应急信息内容是使用社交媒体的信息用户创作的，创作和传播过程中有一定的主观性，没有权威机构把关，因而应急信息的内容质量得不到保证。公众对应急信息来源和应急信息传播渠道的不信任，将影响公众对其传播的应急信息内容不信任，不利于公众在自然灾害发生后采取应急措施。因此，应该有相关的法律法规或者流程来管理社交媒体上传播的应急信息。[1]制定应急信息传播的政策法规，有利于保证应急信息及时、准确、清晰地传递给公众，有利于避免自然灾害发生后应急信息来源和应急信息传播渠道上传播虚假信息或者谣言，从而造成恐慌和灾害衍生。

（二）利用政策法规保证自然灾害突发事件的应急信息传播权威性

有法可依使应急信息传播来源更具权威性，保证应急信息传播过程的规范性，提高公众对应急信息传播来源、渠道和内容的信任度。自然灾害是一个全世界共同面临的课题，各地受到自然灾害影响的类型不一样。例如，我国受到的比较严重的自然灾害是地震、台风和洪涝；美国亦受到地震和飓风灾害的严重影响；日本经常受地震、海啸、飓风和洪水等自然灾害的威胁。自然灾害的发生具有重复性和区域性。我国与日本因处在同一地震带上，因此都受到地震灾害的严重影响。相比中国，日本受到的地震灾害影响更严重。因此，日本在自然灾害应急信息传播方面的法律、法规比较健全，从而保证了应急信息传播的信任度，如《放送法》《灾害对策基本法》和《大规模地震对策特别措施法》等相关法律、法规。通过对自然灾害突发事件的应急信息传播进行立法，日本保证了灾情信息及时、有效地传播，保障了公众对自然灾害突发事件的知情权和监督权。其中《灾害对策基本法》就对自

[1] LINDSAY B R. Social media and disasters: current uses, future options, and policy considerations congressional research service[R]. [S. L.] Congressional research service reports, 2011.

然灾害突发事件应急信息的收集和发布及防灾信号、灾害情况等方面的应急信息呈现方式均有明确的规定。同时，还规定突发事件发生时，公众有传播应急信息的义务，例如向其他公众、政府及社会组织上报灾情预警的信息等。[1]在法律的保障下，自然灾害应急信息能及时、准确、公开地通过公众信任的传播渠道传递给公众，从而提高公众对传播的自然灾害应急信息的信任度，进而提高公众防灾、抗灾的信心。真实、可信的自然灾害应急信息在受灾群众中及时、有效地传播，可以使自然灾害所带来的人身、财产损失和生命危害降到最低，有利于引导公众正确、乐观地面对自然灾难，避免不实信息和谣言的传播。

二、建立公众认可的自然灾害突发事件应急信息传播平台

针对不同的自然灾害的特点，探索最可行的自然灾害应急信息传播渠道，保证公众应急信息获取的来源和应急信息内容的可信度。新的信息环境使应急信息传播渠道和来源变得更广泛，同时也增加了公众获取应急信息的困难。多样化的应急信息渠道和应急信息来源加剧了应急信息内容的重复性。而应急信息内容的重复、无序、不确定和不真实，加剧了公众在面对自然灾害时的恐惧，因此，有必要建立公众认可的、权威的应急信息传播平台。

（一）建立自然灾害突发事件应急信息共享平台，保证应急信息传播

目前，应急管理部正在打造一个面向公众的、权威的信息发布平台——中国应急信息网，侧重突发事件的科普知识宣传和预报预警以及第一时间发布灾情的重要信息。自然灾害的预警、救灾与灾后重建都需要政府部门协调各个应急部门，并加强各部门之间的协调联动。建设自然灾害应急信息传播的专门平台，有利于自然灾害应急信息的共享，有利于自然灾害应急灾情信息的互通，也有利于提升政府的公信力，从而保证公众对应急信息

[1] 滕五晓，加藤孝明，小出治. 日本灾难对策体制[M]. 北京：中国建筑工业出版社，2003：39.

的快速获取。同时，保证公众获取应急信息来源的权威性，可以提高公众对政府发布的应急信息的关注度和公信度。建立应急信息共享平台是政府和相关应急部门面对突发事件健全监测、预测、预警和及时反应的表现，有利于掌握应对自然灾害突发事件的主动权，保证传播的应急信息内容值得信赖。

（二）加强大众媒体在自然灾害突发事件应急信息传播中的作用

在新的信息环境下，大众媒体在应急信息传播中仍然占有重要地位。广播作为一种大众传播媒介，在新媒体融合时期仍然可以发挥重要的作用。同样，广播体系在自然灾害应急信息传播中仍然占有一席之地。广播媒介有其从城市到农村覆盖面广和传播范围集中的优势，这些优点正与自然灾害突发事件地域性的特点相符合，因此更应该发挥广播媒介在自然灾害突发事件应急信息传播中的作用。国家应重视应急广播体系建设，通过广播、电视及其所属网站和新媒体平台及时传播自然灾害应急信息，扩大自然灾害应急信息的覆盖范围和提高自然灾害应急信息传播的有效性。

三、保证公众获取多来源、多渠道的自然灾害突发事件应急信息

政府部门尽可能地保证公众获取多来源、多渠道的自然灾害突发事件应急信息，有利于提高自然灾害突发事件应急信息传播的及时性、有效性、准确性，有利于建立公众对政府应急信息传播的信任度，有利于公众在面对自然灾害突发事件时及时获得相关的应急信息，并及时做出反应，减少自然灾害造成的损失。

（一）推动应急信息传播多渠道的融合

移动互联网的发展和手机用户规模的增加，使社交媒体的用户数量剧增，从而使社交媒体传播应急信息的效果增强和影响扩大。因此，政府部门应该拓展社交媒体在自然灾害突发事件应急信息传播中的应用，有效地传播和收集应急信息。政府使用社交媒体与政府机构、紧急响应人员、组织、公众等利益相关者进行沟通，保证社交媒体界面自然灾害突发事件信

息的持续更新。推动媒体融合向纵深发展，实现新闻传播的全方位覆盖、全天候实时播报，实现“报、网、端、微、屏”全媒体传播。政府机构和其他组织部门需要经常通过社交媒体发送信息，并且及时更新，这样可以提高公众对政府媒体应急信息来源的信任度。尽管各类社交媒体最初的设计不是为了应急信息的传播或者应急响应，但社交媒体似乎正在扩大用于应急信息的获取与传播功能，以帮助公众应对自然灾害突发事件。比如，对于台风灾害，现代科技能准确提供预先监测和动态数据评估，所以可以最大限度地通过科学、有效的传播渠道来减少伤害。政府应借助社会化新媒体进行自然灾害应急事件的应对，提高公众对自然灾害突发事件应急信息传播的信任度。

（二）发挥灾害信息员和减灾示范社区的作用

从应急管理部获悉，全国有70多万名灾害信息员负责对突发事件灾情的收集与传播。因此，应该积极发挥灾害信息员的作用，将他们及时收集与监测到的灾害信息第一时间向公众发布。从调查问卷、收集的数据了解到，在影响自然灾害突发事件应急信息传播信任度的因素中，亲戚朋友的影响起到很大的作用。同时，根据网络蔓延机理，灾害信息员与他们的亲戚朋友建立网络蔓延类似病毒裂变的传播形式，有利于真实、权威的应急信息快速地传播给公众，有利于应急信息及时、有效地传播。自然灾害的发生具有地域性，受灾害影响的公众主要集中在灾害发生地或邻近区域。社区是一定区域公众的聚集地，在自然灾害发生后，应充分发挥减灾示范社区的作用，详细了解该地的灾害信息和受灾公众情况，从而为救灾工作提供决策支持。2018年，全国已建有1 488个综合减灾示范社区。[1]

四、提高自然灾害突发事件传播中公众的信息素养

从应急管理部发布的应急灾害报告了解到，自然灾害是影响范围最广、危害程度最严重的一种突发事件，而且使我们每个个体都有可能成为其受害者。近几年各类信息呈爆炸式的增长态势，即使是平时的生活信息，我们都

---

[1] 应急管理部：正在建设中国应急信息网[EB/OL].［2019-03-08］. http：//www.legaldaily. com. cn/government/ content/2019-01/23/content_7754303. html.

需要努力甄别，更何况是自然灾害突发事件的应急信息。自然灾害突发事件应急信息的真实性与及时获取在一定程度上可能挽救我们的生命和财产损失。因此，我们每个人都应该提高自身的信息素养。而提高公众的应急信息素养，有利于应急信息接收者选择合理、适用的应急信息来源和应急信息传播渠道；也有利于公众对应急信息内容的辨别；还有利于应急信息接收者组成一个信息处理的团队，发挥集体智慧，对应急信息内容中的不实和虚假信息进行区分。

第十二章 长生百白破疫苗事件期间社交媒体的信息扩散行为研究

第一节 引言

近年来，在我国工业化与信息化加速融合、经济快速发展的特殊背景下，各种社会突发事件频发。社交媒体作为一种在线交互媒体，具有广泛的用户参与性，用户在这种新媒体上不再是信息的被动接收者，而变成了信息的主动发布者，用户真正成为互联网的主体。因此，社交媒体逐渐成为社会舆论形成和传播的主要场域。已有研究表明，基于社交媒体的信息扩散在健康教育、疾病控制、危机预防等方面都发挥了重要作用[1]。

2017年11月，吉林省药监局检测发现长春长生生物科技有限公司生产的百白破疫苗效价指标不符合规定。2018年7月19日晚间，长生生物发布公告称，公司收到了行政处罚决定书，同时被国家食品药品监督管理总局（国务院机构改革后，重组为国家市场监督管理总局）责令查明不合格疫苗流向，并被要求立即停止使用不合格产品。至此，长生百白破疫苗事件在网络上迅速发酵，并发展成一起公共安全危机事件，其网络舆论形成与传播过程大致如下。

（1）散播阶段（2018年7月15日前）。早在2018年2月2日，央广网发布过1条相关报道，但并未引起关注。

（2）聚集阶段（7月20—25日）。微博上的一则新闻引发公众们高度关

---

[1] ANTHEUNIS M L，TATES K，NIEBOER T E. Patients' and health professionals' use of social media in health care：motives，barriers and expectations［J］. Patient education & counseling，2013（3）：426-431.

注。随后，官方媒体和各大网络媒体跟进报道，关注的焦点聚集。

（3）热议阶段（7—8月）。公众舆论被引爆，恐慌情绪滋生并开始蔓延。微信朋友圈、微博等民间舆论场井喷。

（4）消退阶段（9月之后）。国家针对假疫苗事件及时做出决策，媒体展开科普报道，公众疑虑开始慢慢消除。

罗杰斯认为，扩散是指“通过一段时间，经由特定的渠道，在某一社会团体的成员中传播的过程”[1]。据此，信息扩散则是指一定的信息内容通过特定渠道在社会成员中传播的过程。信息扩散具有自身的传播特点，其本身是一个复杂的动力系统，受制于多种因素，如认知心理、学习者个人特征、传播通道等。[2]

早期互联网中的信息扩散模型往往是基于传染病的传播模式理论，如传染病中的SIS模型、SIR模型和SEIR模型[3]。当前，有关微博中信息扩散问题的讨论主要聚焦在四个领域。一是信息扩散的路径。信息扩散的路径直接影响到信息扩散的时间与范围。研究发现微博信息传播的网络结构呈非幂率分布，传统的信息监管策略很难适用于微博监管。[4][5]二是信息扩散的影响力。有研究表明扩散节点之间的关系强度不同及各个节点的影响力不同，会影响到微博信息扩散的效果。[6][7]三是信息扩散机制。研究信息扩散系统

---

[1] 埃弗雷特·罗杰斯. 创新的扩散[M]. 4版. 辛欣，译. 北京：中央编译出版社，2002：88-89.

[2] 王萍. 社会化网络信息的扩散研究[J]. 情报杂志，2009（10）：39-42.

[3] 徐文婷. 社交网络的用户行为分析及信息扩散研究[D]. 扬州：扬州大学，2015.

[4] LI Y，QIAN M，JIN D，et al. Revealing the efficiency of information diffusionin online social networks of microblog[J]. Information sciences，2015（293）：383-389.

[5] YOO E，RAND W，EFTEKHAR M，et al. Evaluating information diffusion speed and its determinants in social media networks during humanitarian crises[J]. Journal of operations management，2016（45）：123-133.

[6] WANG Q，JIN Y，CHENG S，et al. Conform rank：a conformity-based rank for finding top-K influential users[J]. Physica A：statistical mechanics & its applications，2017（474）：39-48.

[7] CRANDALL D，DAN C，HUTTENLOCHER D，et al. Feedback effects between similarity and social influence in online communities[C]. ACM. ACM SIGKDD international conference on knowledge discovery and data mining. New York：ACM Press，2008：160-168.

中要素之间的相互作用关系，提出了诸如传染病模型、独立级联模型、线性阈值模型、博弈模型。[1]四是信息用户行为。如早期的小世界信息行为理论（Small Word Theories）、信息贫困理论（Theory of Information Poverty）、圆周生活理论（Theory of Life in the Round）和规范行为理论（Theory of Normative Behavior），开创了信息行为研究的社会学范式[2]，以及当前的信息使用环境理论（Information Use Environment，IUE）、日常信息查找行为理论（Everyday Life Information Seeking，ELIS）等[3]。

本研究旨在通过对长生百白破疫苗事件期间的微博数据进行定量分析，探讨长生百白破疫苗事件期间社交媒体信息扩散的特点和规律，这对于丰富和发展用户信息行为理论具有重要意义。

第二节　数据来源与信息扩散行为分析

一、数据来源

为了研究假疫苗事件信息扩散行为，将社交媒体平台中的微博作为研究对象，利用八爪鱼软件对数据进行抓取，将“长春长生百白破疫苗”“假疫苗”作为关键词，剔除无关数据后，共检索出223条有效信息，结果中包含了用户名、博文、收藏、转发数、评论数、点赞数、发文时间、来源以及网页地址（数据抓取的时间段为2018年7月19日至2018年9月30日）。

在抓取的数据中，有一部分转发数、评论数、点赞数为0，可以看出微

[1] ZHENG R L，TING J L，SHI W H，et al. Predicting the scale of information diffusion in social network services［J］. Journal of China Universities of Posts & Telecommunications，2013（20）：100–104.

[2] 王素芳. 信息与贫困：埃尔夫瑞德·查特曼的小世界信息行为理论述评［J］. 图书情报知识，2015（6）：67–78.

[3] JIANG S，BEAUDOIN C E. Health Literacy and the Internet：An Exploratory Study on the 2013 HINTS Survey［J］. Computers in Human Behavior，2016（58）：240–248.

博用户的信息扩散是有条件的，一些网络大V和各大媒体的官方微博对假疫苗事件有绝对的话语权，针对这些用户的转发和评论，人们可以挖掘到对用户自己有用的信息。他们往往活跃度较高，在突发事件面前可以对事态发展过程起到信息扩散作用。微博用户能自由地选择关注其他用户，这种关注行为大多是单向的，并不需要被关注用户确认。正是微博的这种单向关注行为，促进了微博上信息的广泛传播。还有一些用户的微博内容只有点赞数，并没有被转发和评论。单一的点赞也是信息扩散的重要方式，点赞表明该条微博对假疫苗事件有传播作用。在假疫苗信息传播过程中，也会出现一些利用此次事件制造舆论风波的现象和混淆事实的情况发生。信息具有两面性，既有健康信息的扩散，也有误导公众的信息蔓延。

二、信息扩散行为分析

（一）用户“转发”行为分析

通过微博被转发的数量大小，可观察出该条微博是否被很多人所关注或认可。

根据图12-1长生百白破疫苗事件微博转发数散点图，我们可以看出，针对此次事件微博用户转发次数绝大部分都在100以内，然而根据散点图的分布来看，有一则微博用户的内容转发数高达808次，这则转发数量最多的

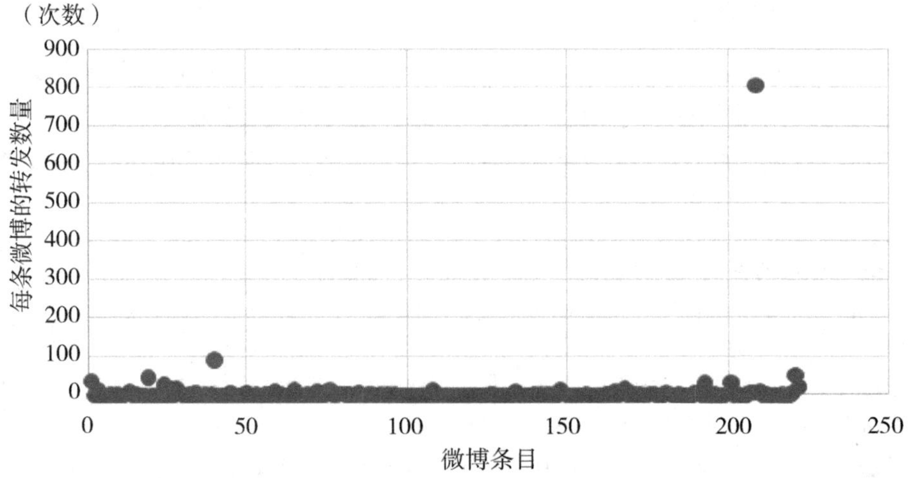

图12-1　长生百白破疫苗事件期间微博转发次数散点图

微博是“地瓜熊老十六”发布的，微博内容为：“大家骂长春长生的时候，千万不要忘了武汉生物！长春长生生产了25万支百白破假疫苗，武汉生物生产了40万支百白破假疫苗！”这则内容转发数量高说明用户对该发布者所阐述的内容有强烈的认同感，假疫苗事件的引发主体是长春长生公司生产的疫苗，婴儿注射后产生不良反应，进而事件被继续发酵。同时，生产百白破疫苗的武汉生物也被检测出疫苗有问题。这个信息在微博用户中产生了共鸣，让大家感同身受，假疫苗信息传播快表明此事件对公众影响恶劣——危及婴儿的身体健康——这是全社会不可接受的。在此次事件中表明态度的媒介被转发量高说明信息扩散范围广，公众参与度高，信息扩散速度快。在不断更新的微博空间，有很多的微博都会被草草过目，只有极少数的微博被用户所关注，并且引发热烈讨论。大部分的微博仅被少数人转发，以至于在很短的时间内被淹没。信息扩散的过程中，很多信息会被用户所忽略或者一带而过，得不到浏览者的转发和传播。在大量的信息中，只有对用户有用的、用户对其感兴趣的信息内容才会得到用户的青睐，从而获得较高的转发量。

转发数较高的前三个微博用户分别是“地瓜熊老十六”“大案”和“一点资讯”，如表12-1所示。

表 12-1　长生百白破疫苗事件微博转发数前 3 名

微博用户名	地瓜熊老十六	大案	一点资讯
发布内容	大家骂长春长生的时候，千万不要忘了武汉生物……	（1）山东公布百白破疫苗补种方案：使用武汉生物疫苗； （2）中国常用的无细胞百白破制备工艺与欧美发达国家存在近20年的差距……	长春假疫苗案：员工被封口，曾卖25万支不合格产品……
转发数	808	139	53

（二）用户“评论”行为分析

微博被评论量越大，说明用户对该信息更加关注和感兴趣，这样促进了该微博在更大范围的传播。

图12-2为长生百白破疫苗事件微博评论数散点图，大部分微博内容的

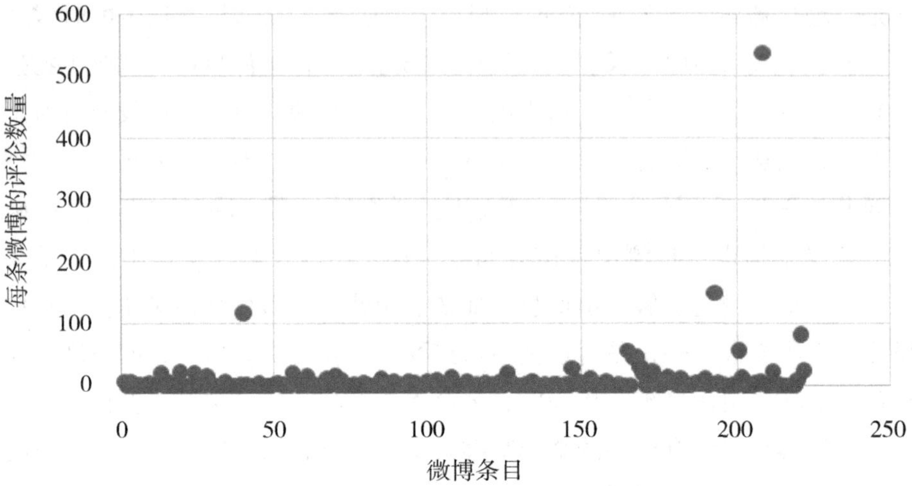

图12-2　长生百白破疫苗事件期间微博评论数散点图

评论数在100以内，有3个微博内容的评论数在100以上，其中两个分布在100~200之间，另外一个则在500~600之间。从评论数为118条的微博和评论数为149条的微博内容我们可以看出，都是假疫苗事件发生后，相关部门针对此次事件所提出的解决办法、公众对假疫苗事件引发的思考以及针对假疫苗事件人们对相关问题所产生的一系列担忧和恐慌。评论数为537条的微博内容和转发数最高的微博内容相一致，说明用户在转发的同时会有部分人群针对内容发表自己的见解，大家将自己的想法发布出来，参与微博话题讨论，推动信息扩散。由评论数可以分析出，微博被评论量越大的信息，它们的吸引力也越大，也会带动更多的用户去阅读和评论。这样，用户在评论里还会形成热烈的讨论，促进信息的传播和扩散。在这样的一个环境氛围中，信息仿佛被炒起来一样，越多人评论，就越受人们所关注。当用户评论的数量增加时，未查看的用户会受用户评论数的影响，也会去阅读这则评论信息，进而推动更多的用户去浏览这则微博，同时也会促使更多的人参与评论这条微博的内容。这一现象与政治消费中的“从众心理”有异曲同工之妙，它们都更好地抓住了人们的眼球。

评论数前三名的微博用户仍然是“地瓜熊老十六”（537条）“大案”（149条）和“一点资讯”（118条）。“地瓜熊老十六”发布的微博信息评论数高，转发数也高，说明这则微博内容是微博用户密切关注的，用户讨论的数量大体现这条微博的热度高；大案的转发数虽低，但是评论数高，说明公众热衷于对疫苗的生产和销售这两方面进行讨论，而这两个方面是假疫苗事件的关键环节，因此，公众们各抒己见，乐于针对这两方面发表自己的看法。

（三）用户“点赞”行为分析

点赞数反映了用户对信息内容的赞成度和认同度。图12-3为长生百白破疫苗事件微博点赞数散点图，点赞数分布相对于转发数、评论数较分散，但是大部分会集中在100以内，而在图中有一个明显点赞数量高的点，分布在600~700。这则微博内容也是转发数、评论数最多的微博内容。点赞数高说明用户对这一则微博内容表示赞同，符合用户心理诉求。用户在看到微博平台上发布的信息蕴含的情感、态度与自己内心相一致时，都会对能与自己产生共鸣的信息给予回应。点赞数也是信息扩散的一种途径，通过点赞，去了解假疫苗事件并表达自己的看法，传递用户本身想要传达的信息。

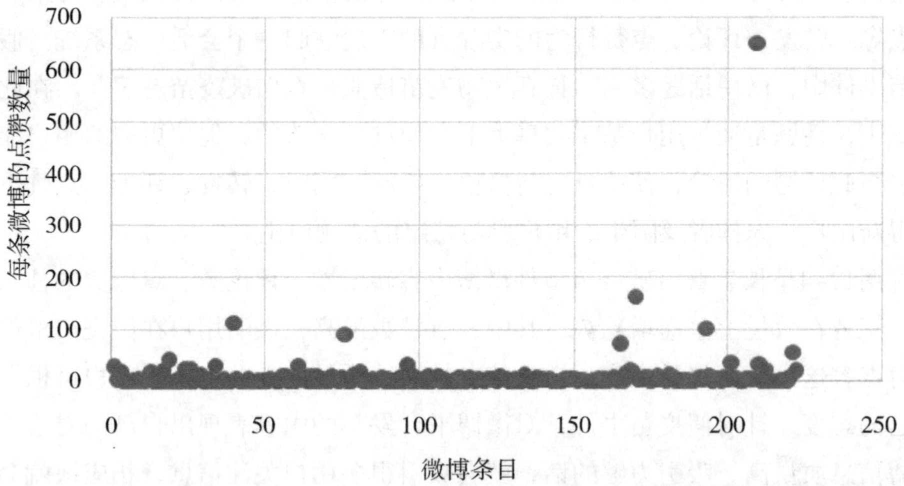

图12-3　长生百白破疫苗事件期间微博点赞数散点图

其中，“地瓜熊老十六”的点赞数为650，“地瓜熊老十六”发布的微博信息转发数、评论数、点赞数均是最高的，公众对这则微博表示了强烈的认同感，也产生了共鸣。“大案”和“一点资讯”的点赞数都在150以上，相差不多，这类均是在客观揭露假疫苗事件，给予公众更加客观的信息。

（四）用户“转发、评论、点赞”行为的相关性分析

“地瓜熊老十六”发布的微博成为检索出的信息中转发数（808次）、评论数（537条）、点赞数（650人）最高的微博，表明用户对该条微博信息互动频率、感情强度都比其他信息高。在健康的微博环境下，用户对于积极正向的、与公众息息相关的信息扩散意愿往往更强烈，这样有利于信息的扩散。“大案”的微博信息内容是“山东公布百白破疫苗补种方案：使用武汉生物疫苗，补种对象为接种过长春长生生物百白破疫苗（批号201605014-01）的儿童；补种使用的疫苗为武汉生物生产的百白破疫苗，由省疾控中心统一供应”。这则微博的转发数、评论数、点赞数也较高，表明用户对假疫苗信息后续的解决举措有持续的关注。

微博用户的转发、评论、点赞行为已成为信息扩散的关键机制，转发被看作最重要的行为之一。通过转发，微博信息能够以指数级的方式进行扩散。微博用户因为利他或自我提高等原因转发微博。[1]例如，用户通过转发特定信息，构建自己的微博形象、分享感兴趣的信息、公开赞成或反对某个观点等。转发、评论、点赞行为的实践有助于建立起一个会话生态系统。假疫苗事件中，微博话题多为“长春生物疫苗造假、百白破疫苗造假”。在此系统中，话题是通过用户基于共享上下文而进行交流的，促使更多的用户能够参与此话题的讨论，使信息的传播更为广泛，同时，转发、评论、点赞也使得新用户、原作者及陌生的用户参与特定的话题讨论。

图12-4是长生百白破疫苗事件微博内容转发数、评论数、点赞数的柱状图，三者在数量上呈递增趋势。其中，点赞数最高，表明用户在假疫苗事件中对点赞这一行为接受度高，它是信息扩散行为最便捷的方式。用户可根据自己的态度，针对假疫苗事件，对微博平台发布的内容表现出自己的看法。微博信息质量高、吸引力够的话，就会吸引很多用户关注信息，相应地就会获得更多人的转发、评论及点赞，这是由于信息本身具有的魅力而决定的。与此同时，当一条微博信息获得很多人的转发时，自然会被更多人看到，从

---

[1] 厉钟灵. 微博用户转发意愿研究——基于感知信息质量视角［D］. 杭州：浙江大学，2012.

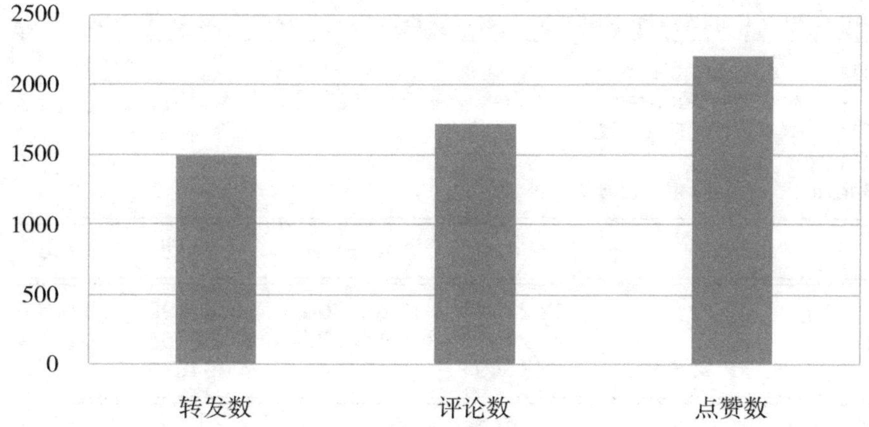

图12-4　长生百白破疫苗事件微博内容转发数、评论数、点赞数

而获得更多的评论数。评论数越多，也会引起更多人在底下讨论与微博信息相关的内容，那么也会激活其他用户的思维，从而促进人们对微博信息的思考，对其进行点赞。通过假疫苗事件微博用户的信息扩散行为来看，转发数、评论数、点赞数会有一定的关联性，从而呈正相关。

为验证转发数、评论数、点赞数之间的相关关系，笔者构建了转发数、评论数、点赞数相关矩阵模型，通过构建相关系数矩阵可以看出，三者相关系数均大于0.8且为正（见表12-2），所以转发数（Y）、评论数（X_1）、点赞数（X_2）三个变量之间高度正相关，即转发数越多，评论数也越多，点赞数也越多，反之亦然。

表 12-2　转发数（Y）、评论数（X_1）、点赞数（X_2）之间的相关系数矩阵

	Y	X_1	X_2
Y	1.000000	0.956300	0.954898
X_1	0.956300	1.000000	0.950015
X_2	0.954898	0.950015	1.000000

具有相关关系的变量有时存在着因果关系，因为评论数（X_1）与点赞数（X_2）均与转发数（Y）具有高度线性相关关系，可以建立二元线性回归模型。回归结果如图12-5所示。

View | Proc | Object | Print | Name | Freeze | Estimate | Forecast | Stats | Resids

Dependent Variable: Y
Method: Least Squares
Date: 04/12/19 Time: 22:08
Sample: 1 222
Included observations: 61

Variable	Coefficient	Std. Error	t-Statistic	Prob.
C	-12.23016	3.599760	-3.397492	0.0012
X1	0.724612	0.152237	4.759765	0.0000
X2	0.571491	0.127143	4.494870	0.0000

R-squared	0.936596	Mean dependent var	23.47541
Adjusted R-squared	0.934409	S.D. dependent var	103.2805
S.E. of regression	26.45081	Akaike info criterion	9.436380
Sum squared resid	40579.43	Schwarz criterion	9.540194
Log likelihood	-284.8096	Hannan-Quinn criter.	9.477066
F-statistic	428.3826	Durbin-Watson stat	1.711736
Prob(F-statistic)	0.000000		

图12-5　转发数（Y）、评论数（X_1）、点赞数（X_2）OLS回归结果

回归结果的形式为：

$\hat{Y}_i=-12.23016+0.724612X_{1i}+0.571491X_{2i}$

t（−3.397492）　　（4.759765）　　（4.494870）

$R^2=0.936596$　　$\bar{R}^2=0.934409$　　$F=428.3826$

模型估计结果说明，在其他变量不变的情况下，评论数每增加1条，转发数平均增加0.72条；其他变量不变的情况下，点赞数每增加1个，转发数平均增加0.57条。另外，多重决定系数为0.94，拟合程度高。F统计量值为428.3826，拒绝原假设，在总体范围内，解释变量对被解释变量的共同影响显著；单个回归系数的显著性检验，p值均小于0.05，说明在总体范围内，评论数对转发数有显著影响，点赞数对转发数也有显著影响。

在微博平台，信息蔓延的进程就是利用互联网主动参与信息传播的过程，信息的转发量取决于信息本身。有深度、有内涵、质量高的信息往往会得到用户的青睐。经研究发现，微博用户针对信息是否适合自身需要会对转

发量有影响。[1]对多数微博用户来说，转发、评论、点赞代表着一种信息扩散行为，用户会将自己认为重要的信息发布到微博平台上，转发行为是出于用户针对信息内容而做出的价值判断的需要。针对假疫苗事件的成因，则主要通过用户的评论来实现信息的扩散。

假疫苗事件各类话题的转发数、评论数、点赞数均值比较结果如图12–6所示。与用户利益相关的、在社会上引起广泛影响的信息，都会在微博平台上浮出水面。有研究指出，伴随着投身社会建设的公众队伍越来越庞大，公众对微博上涉及民生的话题越来越关注，并会产生期待和诉求。微博上的互动与信息传播的契机往往出于公众自身利益的需要。公众是微博发展的主要推动者，微博上传播的信息能否满足公众的期望，能否表现出它的社会性和与公众自身的利益关联性，都会影响公众对信息阅读的喜好，也会影响信息传播的广度和深度。

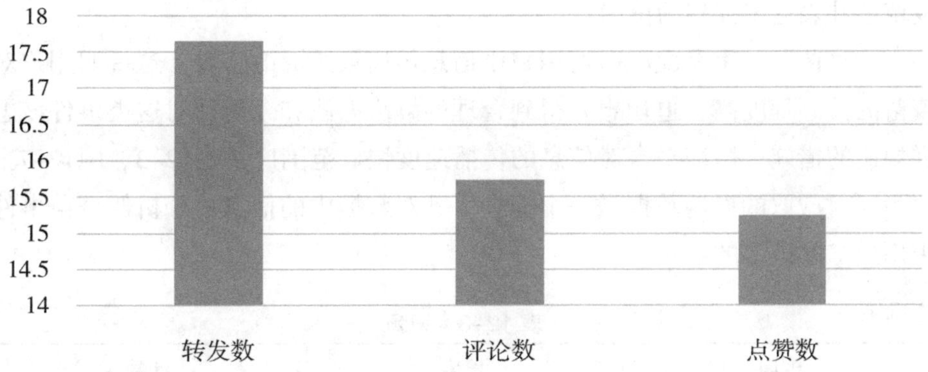

图12–6 长生百白破疫苗事件微博内容转发数、评论数、点赞数均值

用户通过在网络媒体中所形成的转发、评论和点赞等交互行为，使用户与用户之间有了深层次的交流，从而促进信息在网络环境中进行扩散。用户在网络环境中查看信息时，评论、转发、点赞这一系列行为会受到多方面的影响。针对网络平台用户信息行为的探究，可以帮助我们了解信息传播的特

[1] 张伟哲. 加强网络管理 构建新型网络舆情系统[J]. 信息网络安全，2010（2）：15–17.

点，进而在面对社会舆论的传播时，能够及时掌握扩散路径，有效地控制传播范围。

（五）微博内容的整体分析

利用NVivo工具，将收集好的数据导入并进行分析，生成了表12–3和图12–7。

在2字词语云图中，可看到“疫苗”字体最大、居中，因此中心性最强，而“造假”和“生物”字体排在第二位。在词频统计中，出现“疫苗”“生物”“长春”“造假”的次数较多，这符合数据来源假疫苗事件的主题，也说明长春长生生物制药有限公司是此次假疫苗事件发生的主体单位。词语云图中字体较大的还有“接种”“孩子”“问题”，其中心性次之。这说明假疫苗事件中问题疫苗的接种对象多为孩子。孩子是事件中受害的主体，孩子作为家庭成员中重要的一分子，是父母的希望，因此公众对假疫苗事件表达出强烈的情绪。

“疫苗”二字是此次微博用户中信息传递最广泛的字段，这说明用户对疫苗的关心程度高，迫切想要得到合理的解决办法和今后针对这类事件该怎样规避的措施。微博平台对信息的传播速度快、范围广，表12–3、图12–7主要为了对截取的微博数据做一个梳理，针对数据中的信息，分析假疫苗事件中用户扩散最多的话题。

表 12–3　词频

单词	长度	计数
疫苗	2	853
生物	2	251
长春	2	173
造假	2	158
生产	2	131
问题	2	111
孩子	2	109
接种	2	91

续表

单词	长度	计数
武汉	2	88
公司	2	87
全文	2	79
事件	2	77
合格	2	76

第三节　长生百白破疫苗事件信息扩散特点

长生百白破疫苗事件，发生于2017年11月，是长春长生生物制药有限公司生产的疫苗经检测不符合规定，婴儿注射后出现不良反应。这件事情引起了社会的很大反响，公众对事件的了解程度从知之甚少到最后了如指掌，其中的变化可以看作信息扩散的过程。假疫苗事件经过一段时间的发酵，便在微博上逐渐形成了用户讨论度极高的话题。

一、初始信息内容较零散、不精确

突发事件爆发初期，传递的都是一些碎片式的零散信息，不能完整地呈现事件的来龙去脉，公众往往也只是根据这些信息来做判断，因此容易产生一些误解和造成虚假信息的传播。假疫苗事件爆发时，情况也是如此，由于信息零散且不完整，所以给公众造成了较大的困扰和担忧。

二、媒体反应迅速

在新媒体环境中，个人和新媒体组织都对新闻具有高度敏感性，并形成了独特的针对突发新闻的响应系统。假疫苗事件里，网络媒体嗅觉灵敏，准确捕捉到了有价值的信息，并及时发布。用户对周围的事物有着敏锐的洞察。在微博平台，政府的官方微博和主流媒体往往是公共紧急情况和公共信息的主要发布者和公众信息的来源。在这次百白破疫苗事件中，“@ CCTV 新闻报道”为公众提供了足够的有关事件的信息，向公众传达了重要而有价值的信息。

三、短时间内引发热烈讨论，焦点度极高

顾名思义，公共事件是与人们息息相关的事件。长生百白破疫苗事件是和公众自身利益相关的，在侵害到个人利益时，会引起公众对事件的热议，一时间会演变为多种形式的话题，公众积极投身到讨论中。例如，《疫苗之殇》一经发布，便迅速席卷网上的舆论领地。除了在一些文章中会用“殇”字外，微博上的一些大 V也会纷纷引用，并表达自己的看法。还有一些明星了解到假疫苗事件后，也在微博平台上发布相关信息，表达对事件的态度，明确自己的立场。由于明星有一定的影响力，促使公众对事件的看法也有了他们的烙印。

四、微博自身特性使其具有多种舆论功能

微博平台将文字、图片和视频技术整合到一起，使公众能够准确、及时地获得信息，进行广泛、深度的互动。它不仅深入报道了事件的真相，而且影响了事件的后续发展方向，同时在某种程度上决定了一定时期内舆论的主题。在微博环境下，集众人之力推动事态发展，把握舆论导向。当假疫苗事件刚刚进入公众视线时，微博上用户也对问题疫苗产生了恐慌。在发布出更准确的消息后，微博的自我净化功能在这时产生了一定效能，它帮助公众了解事实，透析事情真相，发布解决办法，传播医疗健康信息。

第四节　启示

在这个假疫苗事件的传播中，微博发挥了非常重要的作用。我们应该正视微博的影响，最大限度地使微博展现独特的信息传播优势，由此健康信息才能高效传播，成为当今社会的“航向标”。

一、加强信息扩散行为监测，降低谣言的传播机会

从谣言公布者的角度出发，在突发事件发生后，要强化信息扩散行为监察效果，在网络谣言隐藏阶段要准确挖掘并处理造谣者，降低用户触碰谣言的概率，缩小散播者比例。从谣言受众人群角度出发，首先，我们要形成一个发布信息的联合平台，通过建立政府微博官方平台等形式，有效地将真实、完整的信息告知公众，让分布在微博上的谣言不攻自破。同时，我们也要遏制谣言的传播，这要依赖于主流媒体对事实真相真实、直观的宣传，提高事件中正确信息的网络覆盖率，降低公众听信谣言的风险。从事件本体角度出发，提升公众明辨是非的能力和对谣言自我屏蔽的能力。公众要沉着、冷静地去判断繁杂的信息，用自身的理智抽离事件本质，不要相信谣言，同时也不去散播谣言，从根本上杜绝谣言的产生。

二、发布公众易于理解的应急预警信息

假疫苗事件发生后，相关部门立即采取措施，公布事件原委和发布紧急预案，立即停止相关批次假疫苗的销售，告知公众查看接种范围的婴儿疫苗生产批号，对已接种该疫苗的婴儿立即采取治疗措施。相关部门发布的预警信息，应用简单、直白的方式表达，使公众一目了然，能在最短时间内了解相关信息。在防范风险时，一些专业领域给出的防范举措，要尽可能地将专业术语转化为通俗用语，多传播一些在日常生活中遇到突发事件可以用到的信息。

公众面对突发事件的危机意识相对较为薄弱，在应对突发事件时，会流露出对事件本身不清楚和不知其危害程度有多深的情感态度。因此我们要根据公众自身所能认识到突发事件背后含义的程度，将传达的预警信息转化成适合公众理解的内容。还要锻炼公众的思维模式，使其形成自身的灾害预警思想意识，从而指导公众做出正确的反应。通过对应急事件处理知识的传播，将应急知识内化为危机事件发生后的反应。公众在第一时间会做出应对突发事件的行动，减少灾害引发的负面影响，有利于大大降低突发事件造成的危害。由于突发事件具有突发性，如果应急信息可以做到真实明了、言简意赅，公众就能够很快地对应急事件做出准确判断，并清晰认识到应急事件

的危害程度，从而站在全局的角度去看待事件本身，综合多方面问题，找到最优解决方案。微博在应对突发事件中，展现出了独特的话语权，它能够完全发挥多种媒体的舆论效能，扩大公众之间营造公共空间的范围。作为一个开放包容的网络平台，微博在未来的发展过程中仍藏有无尽的潜能。怎样进一步扩展微博的功能，更好地运用其在突发事件中的影响，仍值得我们去思考。

三、高度同质化、封闭的小圈子可能会导致“信息窄化”

对很多人而言，更愿意局限于自己已有的社交圈，而这样的社交圈传递的往往是同质化的信息内容，这不利于公众了解事件的真相。公众应该尽可能去突破自己的社交圈，通过不同的媒体和平台获取更多的相关信息，以增进自己对事件的了解，进而做出理性判断。

网民对事件关注度高，可以促进信息在社群内扩散并带来行为改变。[1]通常，行动者之间的连接强度越高，他们关系网的重合度亦越高，在诸多方面的相似度也越高。连接性强度高对于信息扩散与行为改变的作用可以通过同质性交往原则来解释。当新信息一旦被认可和接受，它们可以迅速在连接性强的小组中扩散并促进行为的改变。这些成员关系比较密切，容易产生信任并形成特定的社群文化。因此，成员之间连接性强对于信息扩散的作用主要在于促进信息在社群内传播，但也会造成已有信息的重复传播，从而导致信息冗余的局面。如有人把一则关于健康卫生的谣言告诉身边亲近的朋友，同样这些人继续在关系密切的人之间传播这则谣言，导致很多人会重复收到这则谣言，因为由这种连接构成的关系网中的成员往往有很多共同朋友。基于此，连接构成的小群体中的成员往往倾向传播、分享他们熟悉或已被接受的信息、观念并带来行为改变，但这并不适合新信息扩散。同时，高度同质化、封闭的小圈子可能会导致“信息窄化”，使不同社群之间的隔离加大，不利于健康信息及资源的交换与共享。

---

[1] 张伟哲. 加强网络管理 构建新型网络舆情系统[J]. 信息网络安全，2010（2）：15–17.

第十三章　长生百白破疫苗事件中公众应急信息搜寻行为研究

第一节　引言

在信息时代，社会对突发应急事件的反应也更加敏感，不同种类的事件会对人们的经济和社会生活造成不同的影响。因此，对公众的应急信息搜寻行为进行研究，有利于更有针对性地制定应急政策，为后期人们面对各类应急事件有意识地综合防控管理做良好、有效的铺垫，进而优化整个社会的应急管理水平。本研究旨在探讨2017年11月震惊全国的“长春长生百白破疫苗事件”期间公众的应急信息搜寻行为。

“信息搜寻行为和信息检索行为”一直是图情领域的热点话题，图情专业的学者与专家对这一方面的研究既产生了宏观方面的研究框架与研究范式，也有大量针对微观层面分析的信息搜寻行为策略展开的研究。宏观研究和微观层面的研究还是有很大区别的，比如宏观层面主要强调的是信息搜寻和检索理论的大方向研究，却没有对现实中信息系统的设计提出贴近公众生活实际的建议。相对来说，本研究的侧重点是探讨公众在应急事件发生的情境下，信息搜寻的具体过程和问题，即微观层面的研究。[1]

本章以河北省保定市市区的已婚、已育居民为研究对象，研究对象涵盖了不同性别、不同年龄段、不同行业和不同学历素养的人群。采用访谈的方

[1] 王知津，韩正彪. 信息行为集成化研究框架初探[J]. 中国图书馆学报，38（1）：87-95.

式获取相关数据，考察“长生百白破疫苗事件”期间公众信息搜寻行为的相关规律。

第二节 研究的理论基础

用户行为、信息搜寻与检索等主题一直是图书情报学领域关注的研究热点。这方面的早期研究甚至可以上溯到1902年，1960年以后为该研究领域的第一次爆发繁荣期。[1]

国外对于公众应急信息搜寻行为的研究起步较早，分为信息检索、搜索行为、信息搜寻内容以及相关影响因素研究等方面。而国内对于该领域的研究起步较晚，缺少系统的归纳总结，内容匮乏，而且现有的研究视角大多局限于应急事件本身的发展，比较浅显，对于相应情境下的公众研究反而不够广泛深入。综上，公众应急信息搜寻行为的研究经过国内外近60年的发展，从最早的关注信息因素本身到后来更关注用户相关的因素，信息搜寻行为理论在此期间得到很多的补充与完善[2]。当前，公众信息搜寻行为的研究工具也变成以计算机系统为主体的人机交互系统，已经不再是传统的人工交互系统，其相关研究主题也已成为图情领域的热门题目。[3]

信息搜寻行为是指用户为了满足特定的信息需求而进行的有意识地获取信息的行为。随着网络信息时代的到来，传统的信息用户对信息需求的表现方式和搜寻行为也随之发生了变化。在这个过程中，用户有可能和各种信息系统进行交互，从传统的媒体到今天基于网络和计算机的信息系统。因此，在当下复杂多变的信息环境下，对应急环境下用户信息搜寻行为进行研究具

---

❶ WILDEMUTH B M，CASE D O. Early information behavior research [J]. Bulletin of the american society for information science and technology，2010，36 (31)：35-38.

❷ 刘鹏瑞. 网络购物中消费者的信息搜寻行为研究 [J]. 内蒙古科技与经济，2017 (11)：61-62，94.

❸ 刘漫. 近10年国内外信息搜寻行为研究进展 [J]. 图书馆学刊，2013，35 (1)：108-112.

有重要的现实意义。

信息搜寻行为也有其基础研究范式，它们分别是知识非常态（ASK）理论、意义建构理论和问题解决理论。这三大理论奠定了整体研究的基础，也是图情领域对整个用户信息搜寻行为研究常用的理论奠基石，在宏观层面上提供了一般方法论意义上的指导，也在后续研究者进行具体的描述过程和模型构建研究中得以应用。本研究也是基于这三大理论开展的。

一、ASK 理论与信息检索交互过程的情景模型

ASK 理论与信息检索交互过程的情景模型认为，用户之所以有情报需求产生，是因为用户意识到自己存在着知识的非常态，以至于无法面对某种问题的情境，而大多数用户面对这种情况也无法回答究竟需要怎样解决这种问题。该理论认为信息搜寻的任务就是理解和解决用户知识的非常态。[1]

二、意义建构理论与 Dervin 的意义建构三角模型

该理论产生的意义也是一个宏观方面的研究范式和方法模型。美国情报学家 Dervin 在 Dewey、Taylor和 Artandi 等学者的研究基础之上，最终确定并提出了以用户为中心的建构理论。[2]

三、Wilson 信息搜寻模型

该模型主要提出两点：第一，信息需求源于生理上、认知上、感情上的基础需求，其中，每一种需求又处于不同的个人、社会角色与环境的情境下；第二，在寻求满足信息需要的过程中，需求者还可能会遇到同样环境下的不同障碍。[3]Wilson的信息搜寻模型仍以信息需求为中心，如图13-1所示。

---

[1] 师宏睿. 贝尔金与德尔文情报认知观评述［J］. 图书与情报，2003（5）：12-14.

[2] 车晨，成颖，柯青. 意义建构理论研究综述［J］. 情报科学，2016，34（6）：155-162.

[3] 颜端武，王曰芬. 信息获取与用户服务［M］. 北京：科学出版社，2010：57.

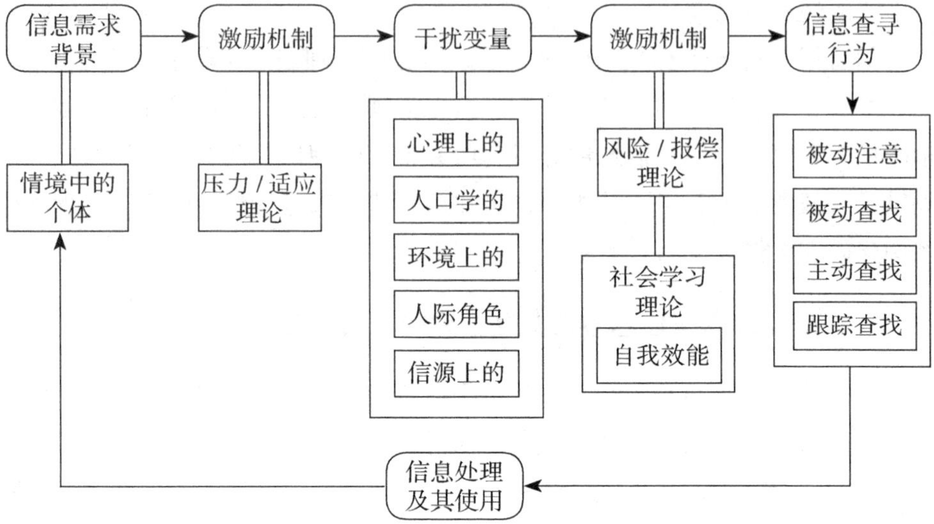

图13-1　Wilson信息搜寻模型

第三节　研究设计

一、问题陈述

本研究以“长生百白破疫苗”突发事件为背景，以 Wilson 信息搜寻模型和 Runing 情境理论模型的思想为框架，对公众进行访谈，找出影响公众应急信息搜寻行为的因素。

用户信息搜寻行为的最终目的是获取自己想要获得的有用、正确的信息，以解决实际问题。根据 Wilson 提出的“问题解决模式”模型可以看出，信息搜寻就是解决问题的过程。[1]因此，按照这个思路，我们还要了解以下几个方面的内容。

[1] 凯西·卡麦兹. 建构扎根理论：质性研究实践指南［M］. 重庆：重庆大学出版社，2009：3.

（1）应急信息搜寻行为的活动及类型：用户采取什么样的行为才能搜寻到自己所需的应急信息？

（2）应急信息搜寻的途径：突发应急事件发生后，社会公众会用的搜寻应急信息的方式或途径。

（3）应急信息搜寻内容：突发事件发生时，公众还想了解哪些应急信息？还有哪些需要解决的问题？

二、研究方法

扎根理论研究法由社会学家Glaser和Strauss提出，是基于数据基础上构建理论的一种研究方法。长春长生百白破假疫苗事件影响恶劣，涉及范围广泛，事件一出，疫苗用药安全问题得到社会各界的空前关注。由于该疫苗接种对象是3月龄至6周岁的儿童，因此调查地点设在保定市各社区的疫苗接种点，调研小组随机抽取55位保定市市民进行了5~10分钟的访谈调查。访谈者多是年轻父母，采访他们对假疫苗事件发生后的信息搜寻行为。本研究运用扎根理论的归纳方法，从现有资料中提炼出基本的相关公众信息搜寻行为理论，通过对长生百白破假疫苗案和公众访谈资料的综合性分析、整理，一方面弥补了定性方法系统性不足的缺点，另一方面弥补了定量方法不易深入现象本质的弱点。[1]

三、调研内容

本研究的调查访谈所涉及的题项主要包括以下三方面内容：

（1）人口统计学特征问题，包括被调查者的年龄、性别、职业、收入等信息；

（2）信息搜寻行为的特征，包括调研对象信息搜寻的方式、渠道、选择信息途径的原因等；

（3）被调查者针对假疫苗事件的态度问题，了解被调查者对假疫苗事件的认知、事件发展的关注点等主观方面的问题。

---

[1] 陈颖. 基于扎根理论的社会企业战略模式研究［J］. 福建商业高等专科学校学报，2014（2）：1–9.

在访谈内容顺序的安排上，为了避免访谈之初因涉及个人信息而引起被调查者的反感，笔者将人口统计学特征问题放在最后一部分。

第四节　结果分析

一、样本的人口统计学特征

Derwin 和 Belkin 为公众应急信息搜寻行为的研究领域引入了认知与情境两个概念。事实上，用户的认知能力对他们的信息搜寻行为影响很大，而用户的性别、年龄、岗位和文化素养又影响着个体对应急信息的认知态度，这些都从根本上决定了他们的应急信息搜寻行为。[1]

因此，本研究对访谈对象的性别、教育程度、职业结构、年龄结构进行了调查并划分类别，样本统计学特征如表 13–1 所示。

表 13–1　受访人员统计学特征

基本特征	分类	样本数目	占比（%）
性别	男	20	36.4
	女	35	63.6
年龄	20~24 岁	5	9.1
	25~34 岁	21	38.2
	35~44 岁	14	25.5
	45~54 岁	7	12.7
	55 岁及以上	8	14.5

[1] 涂小梅. 应急情境下公众信息搜寻行为研究［D］. 保定：河北大学，2018：18–21.

续表

基本特征	分类	样本数目	占比（%）
学历	高中及以下	16	29.1
	大专	20	36.4
	本科	11	20
	硕博士	8	14.5
职业	待业者	7	12.7
	政府机关、事业单位职员	13	23.6
	自由职业者	15	27.3
	企业职员	20	36.4

本项调查访谈了55个对象，基本包含了不同层次、不同个性和特殊性需求的研究对象：男性人数为20人，女性为35人；从年龄上看，25~44岁占绝大多数，占总人数的63.7%；访谈对象的文化程度主要是大专及以下，占比为65.5%；关于职业类型，有23.6%的机关单位人员，36.4%的企业职员，27.3%的自由职业者，还有一部分待业者。因此，本次访谈调查反映了不同类型研究对象的层次化、个性化和特殊性需求。

二、信息搜寻行为分析

（一）信息搜寻途径的差异性分析

调查显示，如果公众在没有掌握相关信息的前提下，就很难理解政府制定相关政策的必要性，对政府发布的应急信息政策和应急信息处理行为认同感较低，可想而知这样对政府行为缺乏认同感的社会公众是很难积极配合政府行为的。政府在发布应急信息时，要想保证公众能第一时间及时、有效地获得最新的相关信息，就需要政府明确掌握公众的信息渠道选择偏好，因为公众的个体多样性决定了信息搜寻渠道的多样性。对此，我们也将55位受访市民采用何种信息搜寻渠道了解假疫苗事件作为重点访谈部分，为政府部门后续有针对性地运用不同的信息渠道进行应急信息发布奠定基础，访谈结果如表13–2所示。

表 13-2　不同应急信息搜寻渠道的使用人数及使用率

编号	渠道	小计	比例（%）
1	社交网络平台	19	34.5
2	传统媒体	11	20
3	网上问答社区，如百度知道	10	18.2
4	人际网络，如家人、朋友	7	12.7
5	百科网站，如维基百科	3	5.5
6	传统纸媒，如报纸、杂志	3	5.5
7	其他	2	3.6

公众个体的信息素养水平是影响其在社会化媒体中搜寻长生百白破假疫苗事件信息行为途径的重要因素，因此面对不同的应急信息搜寻渠道，人们选择的差异也很大。具体差异如表13-2所示，社会公众搜寻信息途径使用频数从高到低依次为：社交网络平台、传统媒体、网上问答社区、人际网络、百科网站和传统纸媒及其他。在访谈中，笔者对采访对象进行了更深一步的原因调查，发现影响因素主要是社会大众媒体的社会性与开放性减小了公众对信息资源获取和信息资源分配的约束。[1]近年来，随着我国网络媒体的迅速发展，越来越多的高校数字图书馆、公众人物、专业学术会议等通过博客、官方微博、微信公众号等平台实时传播和分享本领域的学术信息，这些都成为当今社会重要的非正式信息源。尤其是微博、微信得到广泛应用后，公众可针对某一给定的或感兴趣的话题以文字、图片、视频或网络链接等形式进行交流，两个平台凭借自身便捷、快速的传播方式，已成为当前重要的信息传播途径。但是，网络资源的无序性造成从微信、微博流向公众的信息很多是未经过权威媒体机构验证的。另外，有不少受访者表示自己在使用互联网进行信息搜寻的时候，由于网络信息的无序性和分散性以及网络提供的信息量太大，再加上网络搜寻的成本也低，因此信息搜寻行为在大多时候是一个机械的反复行为，这也是当今数据信息泛滥的互联网环境下，社会化网

[1] 查先进，张晋朝，严亚兰. 微博环境下用户学术信息搜寻行为影响因素研究——信息质量和信源可信度双路径视角［J］. 中国图书馆学报，2015，41（3）：71–86.

络媒体的弊端。[1]

（二）应急信息搜寻频率的差异性分析

很多学者都对信息行为进行了极为深入的研究，如Wilson在信息搜寻模型中提出，影响信息搜寻的行为有被动注意、被动查找、主动查找、跟踪查找几个因素。笔者对公众也做了相关方面的调查，如表13-3所示。

表 13-3　学历对应急信息搜寻频率的影响

题目	名称	您的学历				总计
		高中及以下	大专	本科	硕博研究生	
在疫苗事件发生时，您搜寻应急信息的频率	被动注意	7（43.8%）	8（40%）	3（27.3%）	1（12.5%）	19
	被动查找	6（37.5%）	6（30%）	1（9.1%）	1（12.5%）	14
	主动查找	2（12.5%）	4（20%）	3（27.3%）	2（25%）	11
	跟踪查找	1（6.2%）	2（10%）	4（36.3%）	4（50%）	11
总计		16	20	11	8	55

从表13-3可知，教育水平和知识经验基本与公众对应急信息的关注度成正比，可能是由于自身技术或者客观条件的局限，低学历者对信息的搜寻效果不佳；而教育水平越高的公众对信息的持续关注度越高，从信息的搜寻频率来看也更高，并且发现在55位访谈者中，积累的经验、知识与信息搜寻的主动性呈正相关，即知识和经验水平越高，主动查找、跟踪查找的频率越高，反之公众对事件搜寻则是被动注意、被动查找。在采访中发现，受访者的学历和知识经验与其有直接关系的主要原因是信息技术的差别。由于我国仍是发展中国家，大部分地区仍然欠发达，信息技术和信息产品对于大多数的普通百姓特别是农村地区的人来说还是很少见的，多媒体信息技术推广更是不够深入和全面[1]。45岁以上的群众基本上很少能够基于自身的知识储备条件利用网络继续查找所需的假疫苗事件的信息内容。

[1] 张晋朝，罗博，查先进，等. 社会化媒体情境下用户学术信息搜寻感知差异比较研究[J]. 图书馆学研究，2018（20）：42-54.

（三）信息源选择因素的等级排序

在信息时代，人们对信息获取途径的选择各不相同。社会化媒体环境下产生的信息的重要特点之一就是公众既可以使用由相关部门发布的权威信息资源，亦可以使用社会媒体资源，但这种信息资源的可靠性和权威性是无法令人信服的，因此，信息质量这一指标也是用户信息搜寻途径选择的重要考虑因素。[1]在本研究调查中，信息源的重要性访谈结果如表13-4所示。

表 13-4　信息源重要性等级排序

信息源重要性	人数	比例（%）
权威性	20	36.36
可获得性	18	32.73
准确性	7	12.73
时效性	5	9.09
全面性	5	9.09

从表13-4可知，假疫苗突发事件发生后，公众最看重的还是信息的权威性，剩下的依次是信息的可获得性、准确性、时效性和全面性。人们选择更为权威的信息源是出于应急信息的实践性这一特点考虑，同时出于信息利用的需要，公众也很看重信息的可获得性这一指标。部分访谈者认为，信息的准确性固然重要，但是从信息搜寻行为的用户主体来说，由于某些客观及主观条件的限制，信息用户注意力的不集中容易造成信息迷航，因为公众对信息的注意力也是有限的，他们面对众多无序的网络信息不得不将有限的注意力分散到其中去，这种情况必然会造成差错和混乱。大部分公众使用网络搜寻信息，在搜寻行为中，选择正确恰当的搜索工具也是个重要的问题。[2]对于无法取得合适并合理利用搜寻工具的这一部分人，我们称之为“信息弱势

[1] 张晋朝. 信息需求调节下社会化媒体用户学术信息搜寻行为影响规律研究［D］. 武汉：武汉大学，2015.

[2] 白海燕，赵丽辉. 网络环境下的用户信息行为分析［J］. 燕山大学学报，2002，3（1）：88-92.

群体”。正是由于信息获取的不对等，假疫苗事件的可获取性也受到了公众的广泛关注。

（四）公众对突发事件的后续关注

在调查中发现，长生百白破假疫苗事件发生后，人们普遍关心的问题主要有表13–5中所列的几点。

表 13–5　长生百白破假疫苗事件公众关注的焦点问题

1. 媒体对假疫苗事件的后续跟踪报道是否到位
2. 假疫苗事件相关责任人及部门的处理
3. 请医药卫生部门严查是否还有类似事件发生
4. 假疫苗事件中无辜受害者的赔偿问题

通过表13–5不难看出，长生百白破假疫苗事件发生后，公众比较关注这一事件的后续追踪报道以及政府对相关涉事责任人的处理力度。在采访中笔者发现的主要问题有：第一，由于信息素养不够，政府部门平时也缺乏对这方面知识的宣传，在假疫苗事件发生后，处于其中的很多公众又因缺乏处理应急事件的知识与经验而出现焦虑的行为和心态；第二，不法分子趁机利用虚拟网络对外肆意发布不实言论，传播不实消息，故意引起公众恐慌。在长生百白破假疫苗事件发生后，公众急切希望了解事件的后续情况和政府的解决对策，因此对相关信息的渴求比较强烈，但很多人并不能对网上传播的信息进行有效甄别，从而对不实信息可能进行盲目传播和扩散，不管这种行为是有意的还是无意的，其造成的信息超载与信息失真，都可能成为“大规模的二次性杀伤武器”。造成这些不良后果的很大一部分原因，是拥有权威、正确信息的政府主管部门没有认识到公众对信息的迫切需求，也没有及时对外发布最新消息，此时想要做到高效率地应对就必须尽量满足公众的信息需求。例如，及时发布突发事件的最新进展，对应急信息进行有效、快速、及时、准确地获取与传播，消除政府部门与公众之间的信息不对等，发挥政府和社会媒体的重要作用。

第五节　总结与讨论

综上，总结差异性分析得知，突发事件情境下公众所进行的信息搜寻行为与公众自身的特征、经验知识、人际关系等因素都有关系，学历的高低、有无相关方面的经验或者具有何种社会关系，都会影响到公众的信息搜寻行为。由调查得出的不同因素对公众信息搜寻行为的影响如下：

（1）在个性特征方面，对应急信息搜寻的频率主要受教育程度影响明显，这说明公众的个性特征中知识水平对搜寻应急信息频率的影响较大；

（2）信息搜寻渠道方面，相对于传统媒体，公众更倾向于使用非正式的新型网络社交媒体搜寻渠道；

（3）在信息源的重要性排序上，应急信息的权威性是公众最看重的因素，接下来是可获得性、准确性、时效性、全面性。

根据前人的理论模型和访谈调查疫苗事件中公众信息搜寻行为的研究，笔者最终确定了突发事件中公众信息搜寻行为的影响因子。

影响因子1：用户主体感知差异。

影响因子2：信息素养。

影响因子3：知识经验。

根据以上的调查研究和分析，可以得出以下结论。

第一，政府应及时、有效地发布信息，让公众提前做好充分的准备，有效化解事件造成的二次伤害。对于突发应急事件，我们是无法抑制其产生的，但是由突发事件造成的后续社会矛盾事件，政府还是可以进行有效管理的。比如类似长生百白破假疫苗的突发事件，该事件的特点之一就是可能在极短的时间内大规模地影响公众利益。网络新兴媒体和社会媒体的出现就为突发事件的事后处理提供了良好的信息发布平台，可以缓解用户的恐慌心理。[1]

[1] 肖花，刘春年，郭韫丽．突发事件中虚拟社区用户应急信息行为研究［J］．现代情报，2016，36（11）：32-36.

第二，要培养公众的信息责任意识。虚拟网络信息平台为社会提供信息便利的同时，也造成了不必要的隐患，亦成为“谣言”的重要传播途径，这就需要考虑信息伦理道德问题，这不仅意味着政府及相关部门要监督网上的有害信息，还要承担起教育公众鉴别网络中的错误信息的责任，树立公众的信息责任意识。[1]

第三，当前，公众的应急信息意识和搜寻行为还有待进一步提高，但是这方面在很大程度上受职位和知识水平的影响，尤其体现在公众的主动搜寻信息行为上——参与过相关方面内容培训或者演练的公众太少，我国在这方面还存在很大的不足和改进空间。

第四，要努力加强信息弱势群体的信息能力。解决这个问题，需要政府、社会媒体等各界力量的共同努力，分别从信息获取和分配两方面着手。一方面，政府和社会媒体要擅长运用多种媒介渠道发布易于被公众理解和接受的应急信息；另一方面，对于因缺少学习机会而落后于信息时代不懂信息技术的公众，应通过学校教育方式提高“信息弱势群体”的个人信息素质，进而提高用户信息搜寻的能力。

综上所述，深入了解微观情境下应急事件发生后影响公众信息搜寻行为的多元化因素，有利于相关部门从整体角度考虑影响公众应急信息搜寻行为的各个因素，从而最大限度降低突发事件对人们日常生活的负面影响，对应急信息管理实践具有积极重要的指导意义。本研究的局限性在于访谈对象仅限于河北保定市一个区域的公众，该结果可能不能代表全国公众在长生百白破假疫苗事件期间的信息搜寻行为。

---

[1] 迟俊鸿，张革华. 高职院校教师信息化素养现状及存在的问题[J]. 天津职业院校联合学报，2018，20（12）：61-64.